Ullstein

Über das Buch

Sein Name galt jahrzehntelang als Synonym für Waffentechnik. Dabei wurde vergessen, daß Friedrich Krupp bereits im 19. Jahrhundert den größten Stahlkonzern seiner Zeit geschaffen hat. Übersehen wurde auch, daß sich der Industriemagnat, als Sozialreformer der ersten Stunde, für eine vorbildliche Versorgung und Absicherung seiner Betriebsangehörigen einsetzte.

Über den Autor

Karl-Otto Saur, Jahrgang 1944, ist gelernter Verlagsbuchhändler und Journalist. Nach langen Jahren als Redakteur und Ressortleiter bei der *Süddeutschen Zeitung*, der *Abendzeitung* und dem *Spiegel* gründete er 1992 das *Kontor für Kultur und Kommunikation* als journalistischen Dienstleistungsbetrieb. Er ist Träger des Wächterpreises der deutschen Tagespresse und war lange Mitglied des Deutschen Presserats.

Karl-Otto Saur

Friedrich Krupp

Ullstein · Made in Germany

Ullstein Buchverlage GmbH & Co. KG, Berlin
Taschenbuchnummer: 35875

Originalausgabe
September 1999

Umschlaggestaltung: Simone Fischer und Christof Bernd
Unter Verwendung von Fotos der Fried. Krupp Ag Hoesch-Krupp,
Essen

Redaktion und Satz:
Kontor für Kultur und Kommunikation Saur GmbH, Ebenhausen
Grafik: Georg Lehmacher, Friedberg
Druck und Verarbeitung: Clausen & Bosse, Leck
ISBN 3-548-35875-6

Gedruckt auf alterungsbeständigem Papier
mit chlorfrei gebleichtem Zellstoff

Die Deutsche Bibliothek –
CIP-Einheitsaufnahme

Saur, Karl-Otto:
Friedrich Krupp / Karl-Otto Saur - Orig.-Ausg. - Berlin : Ullstein, 1999
(Ullstein-Buch : 35875)
ISBN 3-548-35875-6

Inhalt

Die erste Hütte

Die erste Stahlhütte eines Krupp war im wahrsten
Sinne des Wortes eine Hütte. Nicht viel größer als eine
Kammer waren ihre Grundmaße, und so war es kein
Wunder, daß es Friedrich Krupp auch nicht gelang, dort
den Stahl so herzustellen, wie er es sich erhofft hatte.
Es war das Jahr 1810. Gerade war Amalie Krupp gestorben, eine geborene Ascherfeld, die in zweiter Ehe mit
Friedrich Jodocus Krupp verheiratet gewesen war. Sie
war eine energische und geschäftstüchtige Frau gewesen, die das Essener Handelshaus der Krupps zur vollen
Blüte gebracht hatte. Da gab es einen großen Laden,
verschiedene Handelshäuser und eine Reihe von anderen Unternehmungen, so daß die Familie in Essen
hohes Ansehen genoß. Seit Generationen war es für die
Krupps üblich, in der Stadt öffentliche Ämter zu beklei-
den. Nur ihr Sohn Peter Friedrich Wilhelm Krupp wollte nicht ganz in die Kette der Erfolge von Amalie pas-
sen. Das einzige Werk von Peter Friedrich Wilhelm, das

für die Familie Sinn machte, war die Zeugung eines Sohnes im Alter von 33 Jahren. 1787 wurde Friedrich Krupp geboren. Als nun Alleinherrscherin Amalie starb, sollte dieser Enkel Friedrich, damals 23 Jahre alt, das fortführen, was im Laufe der Jahrhunderte aufgebaut worden war. Doch wie sein Vater bot auch er dafür nicht die besten Voraussetzungen, war er doch schon bis zu seinem Amtsantritt als Familienoberhaupt im Geschäftsleben mehrmals gescheitert.

Dafür hatte er eine Vision: Friedrich Krupp wollte in das Stahlgeschäft einsteigen, ein Geschäft, das gerade in den napoleonischen Zeiten als besonders zukunftsträchtig galt. Bisher gab es nur im englischen Sheffield ein Verfahren, das die Stahlerzeugung erlaubte. Dieses wurde als strenges Geschäftsgeheimnis gehütet, allerdings konnten damit auch nur relativ geringe Mengen Stahl hergestellt werden. Überall ahnte man, daß dieser Stahl die Welt revolutionieren könnte. Nicht mehr das spröde Eisen würde dann für Werkzeuge zur Verfügung stehen, sondern ein geschmeidigerer Stoff, der eine weit größere Vielzahl von Produkten ermöglichte. Darunter Werkzeuge, die belastungsfähiger wären und bessere Arbeitsergebnisse erzielen könnten. Einer der ersten, der dies erkannt hatte, war Kaiser Napoleon, der in der Herstellung des kohlenstoffarmen Metalls die Zukunft eines industrialisierten Europas sah. Napoleon hatte deswegen eine Prämie ausgesetzt, um den Engländern zu trotzen und auch auf dem Kontinent dieses Verfahren zu etablieren. Dabei ahnte er nicht, welche Bedeutung der Stahl einmal für das bekommen sollte, was Napoleon selber am meisten brauchte: für die moderne

Waffenherstellung. In Ermangelung anderer Einnahmen hatte es Krupp auf diese Prämie abgesehen.

Mit einer an Besessenheit grenzenden Leidenschaft widmete sich Friedrich Krupp der Entwicklung dieses Verfahrens. Daß er dabei das Vermögen seiner ganzen Familie aufs Spiel setzte, kümmerte ihn offensichtlich wenig. Die Geschäfte im Handelshaus gingen immer schlechter, doch auch weiterhin setzte er alles auf eine Karte: auf die der Stahlerzeugung.

Zu dieser Zeit galt das Stahlgießen noch als großes Geheimnis. Man kannte den Werkstoff Eisen, der jedoch für viele Zwecke in der praktischen Anwendung zu spröde war. Es hatte zwar schon hie und da Versuche gegeben, dieses Eisen zu verbessern, indem man Kohlenstoff entzog, um es so geschmeidiger zu

Alles begann in einer Hütte: Stammhaus der Firma Krupp

machen, doch beschränkte sich die Herstellung auf kleinste Mengen. Erst die industrielle Fertigung würde den Anforderungen der neuen Zeit entsprechen.

Das verstand Friedrich Krupp. Und so baute er seine kleine bescheidene Hütte, gleich neben seinem Wohnhaus. Er ahnte bald, daß es unter so ärmlichen Bedingungen wohl kaum möglich sein würde, den Durchbruch zu erzielen. Also ließ er sich mit einem zweifelhaften Geschäftspartner ein, um einen größeren Schuppen bauen zu können; dieser sollte einigen Arbeitern Platz schaffen, um die entsprechenden Feuer zu schüren, die man so dringend brauchte. Die notwendige Energie wollte er durch ein Wasserrad erzielen. Aus diesem Grund baute er das Gebäude auf einem Grundstück der Familie an einem Bach, dessen Wasser ein Energierad antreiben sollte.

1811

Napoleons einziger Sohn wird geboren. Zu seiner Geburt erhält er den Titel „König von Rom". Später verleiht ihm der österreichische Kaiser den Titel „Herzog von Reichstadt". Er stirbt 1832 in Wien.

Wie so oft in seinem Leben hatte er dabei den richtigen Grundgedanken, sich aber um die Realität zu wenig gekümmert. Das Flüßchen Berne kannte eigentlich nur zwei Zustände. War es trocken, geriet es zu einem Rinnsal, das das Schaufelrad nicht einmal erreichte, die Produktion mußte stillstehen. Gab es aber dauerhaften Regen, wurde es zum reißenden Fluß, auch in diesem Fall mußte die Arbeit wieder eingestellt werden.

Trotz aller Widrigkeiten meldete er im Jahr 1811 eine Firma an: das Haus Fried. Krupp. Ein Name, der später um die Welt gehen sollte und der eine Firma symbolisiert, die die industrielle Revolution ermöglichte, die aber auch als Waffenschmiede der Welt galt. Kriege in allen Erdteilen wurden mit den Waffen der Fried. Krupp geführt. Noch heute steht im Garten des Hotels Central in Havanna eine Kanone der Firma Krupp. Auf einer kleinen Gedenktafel wird ausdrücklich der Hersteller vermerkt und welche Dienste das Geschütz 1870 im ersten spanisch-amerikanischen Krieg geleistet hat, als es galt, die Flotte der Spanier zu attackieren.

Davon konnte Friedrich Krupp zu Beginn des 19. Jahrhunderts nicht einmal träumen. Innerhalb weniger Jahre brachte er das Vermögen seiner Familie mit den traditionellen Geschäften durch, ohne bei der Stahlgießerei technische oder gar geschäftliche Erfolge zu erzielen.

1824 mußte er endgültig das Handelshaus Krupp auf Grund seiner Schulden aufgeben. Eine mehr als zweihundert Jahre dauernde Handelstradition in Essen war vorbei, und wohl niemand hätte zu diesem Zeitpunkt geglaubt, daß der Name Krupp und Essen noch einmal

Grundstein für eine Weltfirma gelegt: Theresia Krupp und Friedrich Krupp (einzig bekannte Darstellung)

weltweit fast als Synonym angesehen werden würde. Krupp war gezwungen, mit seiner Frau und den drei Kindern in ein kleines Haus umzuziehen, das selbst den für damalige Zeiten bescheidenen Komfort nicht mehr aufweisen konnte. Häufig konnte er den Lohn für seine fünf Arbeiter nicht zahlen, aber an seinem Glauben an die Stahlherstellung hielt er fest, auch als er die letzten beiden Jahre seines Lebens fast nur noch krank im Bett verbringen mußte. Mit 39 Jahren starb er 1826. Sein Nachlaß bestand aus nicht viel mehr als seiner unerfüllten Vision von der industriellen Stahlherstellung und dem Namen der Firma Fried. Krupp. Dieser Name sicherte seinen Nachruhm, der sonst so kläglich in einem Armengrab versunken wäre.

Von Alfried zu Alfred

Es ist ein weit verbreitetes Vorurteil, daß große Unternehmer oft keine würdigen Nachfolger haben, die in der Lage sind, ihr Werk ebenbürtig fortzusetzen. Häufig ist es so, daß gerade die Söhne – oder auch die Töchter – das Werk erst zur richtigen Blüte bringen. Im Fall Krupp sollte es für einige Generationen so sein, daß die nächste Generation das Werk der Vorfahren erheblich ausbaute.

Nach dem frühen Tod von Friedrich Krupp standen am Grab neben seiner Witwe Therese vier Kinder. Die Älteste war Ida, damals 17 Jahre alt. Alfried Krupp war 14 Jahre alt, neben ihm seine jüngeren Brüder Hermann und Friedrich. Ungeachtet der Leistung etwa von Friedrichs Großmutter Amalie Krupp galt das unumstößliche Gesetz, daß nur ein männlicher Erbe in der Lage sei, die Verantwortung des toten Vaters zu übernehmen. So wußte also der 14jährige Alfried, daß es an ihm sei, das Werk des Vaters fortzusetzen, auch wenn es eigentlich

Die Firma expandiert: Neben der Hütte entsteht das erste
„Fabrikgebäude" zur Herstellung von Stahl

nichts Fortsetzungswürdiges mehr gab. Allerdings gab es in der „Fabrik" sieben Arbeiter, die auf ihren Lohn warteten. Und es war eine Selbstverständlichkeit, daß man dieser Verantwortung gerecht werden mußte. Schon Friedrich Krupp hatte sich bei all seinen Mißerfolgen als ein für die damaligen Verhältnisse ungewöhnlich sozialer Arbeitgeber erwiesen, und diese Tradition galt es weiterzuführen. Tatsächlich war dies der Grundkeim dessen, was später in die Geschichte als die Gemeinschaft der Kruppianer eingehen sollte: Bedingungslose Treue zur Firma wird durch soziale Leistungen und die Loyalität des Arbeitgebers belohnt.

In vielen Chroniken wird der erste Besuch Alfried Krupps im Werk seines Vaters als legendärer Augenblick geschildert. Doch eine authentische Schilderung, wie der 14jährige zum ersten Mal mit seinen sieben Mitarbeitern zusammentrifft, gibt es nicht. Es ist klar, daß sich Alfried der Verantwortung bewußt und bereit war, sie sofort zu übernehmen. Er hatte den tragischen Abstieg seines Vaters in den letzten Jahren miterlebt. Ihm kam zugute, daß er einen großen Ehrgeiz besaß und – entgegen seiner eher mageren Gestalt – große Energien entwickeln konnte. Und die brauchte er auch schnell. Seine rasche Auffassungsgabe und seine praktischen Begabungen kamen ihm dabei zu Hilfe. Freilich hatte er auch als junger Mann schon eine Reihe von Phobien und Eigenarten, die ihm selbst das Leben schwer machten. So hatte er Angst vor Feuer, obwohl es für die Stahlproduktion ja das wichtigste Element ist. Pferdemist hielt er für gesund, und

1824

In England geht die Tory-Herrschaft zu Ende. Es werden die ersten Gewerkschaften gegründet und den Arbeitern zum ersten Mal in der Geschichte ein Recht auf Streik eingeräumt.

wenn er ihn roch, glaubte er, besonders schöpferisch zu sein. Er litt von früher Jugend an an schweren Schlafstörungen, die ihn andererseits dazu brachten, die Zeit zu nutzen und zu schreiben. Mehr als dreißigtausend Briefe und Notizen sind überliefert, in denen er wichtige geschäftliche Dinge und Erfindungen, aber auch banalste Alltagsbeobachtungen festgehalten hat.

Die erste Zeit in der „Fabrik" galt zunächst einmal einer Art Bestandsaufnahme, gleichzeitig war aber auch der Unterhalt der Familie zu sichern. Er mußte sich um alles kümmern. Zwar hatte er naturgemäß nur wenig Ahnung, aber er wußte eines: Egal ob die Produkte des „Stahlwerkes" Fried. Krupp gut waren oder schlecht, sie mußten verkauft werden, wenn die Firma überleben sollte. Und hier entwickelte er von Anfang an ungeahnte Talente. Da spielte es keine so wichtige Rolle, ob die Anpreisungen der Wahrheit entsprachen oder nicht, in seinen Briefen und Werbeschreiben behauptete er einfach, daß seine Produkte in der Qualität allen anderen überlegen seien.

Doch die Bedingungen konnte auch er nur schwer ändern – das Flüßchen Berne ließ die Produktion immer wieder im Stich. Alfried wandte sich an den Bürgermeister des Ortes, durch den die Berne floß, damit der prüfe, ob der kleine Fluß stromaufwärts vielleicht verstopft und so die Unregelmäßigkeiten zu erklären seien. Das half nicht viel, und so war die kleine Firma gezwungen, ihre wenigen Kunden immer wieder um Geduld zu bitten, wenn bestimmte Aufträge nicht rechtzeitig fertiggestellt werden konnten.

Die Schwierigkeiten waren so groß, daß Alfried daran denken mußte, woanders zu produzieren. So mietete er die Schmiede der Gutenhoffnungshütte, ausgerechnet bei einem Unternehmen, das einmal seiner Urgroßmutter Amalie gehört hatte. Gleichzeitig hatte er einen Gedanken, der später einmal zum festen Bestandteil unternehmerischen Denkens überall in der Welt werden sollte: Er forderte seine Regierung auf, Standortpolitik zu betreiben. Er verlangte vom preußischen Staat „das Emporblühen der inländischen Fabriken zu fördern". Konkret meinte er seine Stahlschmiede, die er als „einzig inländische Stahlfabrik" bezeichnete, an deren Gedeihen „seitens des Staates mitgewirkt werden möchte". Seine Mutter veranlaßte er, beim preußischen Staat um ein zinsloses Darlehen in Höhe von 15.000 Talern zu bitten. Doch die Bitte wurde mit dem Hinweis auf Geldmangel in der Staatskasse abschlägig beschieden.

Bei aller Enttäuschung über die mangelnde Unterstützung des Staates gab es doch Entscheidungen, die der Firma Fried. Krupp halfen. Am 1. Januar 1834 wurde ein Vertrag zwischen 36 deutschen Staaten zur Gründung einer Zollunion geschlossen. Plötzlich gab es für rund dreißig Millionen Deutsche einen gemeinsamen Markt, der alle früher so lästigen Handels- und Zollhemmnisse überwunden hatte. Für eine Firma wie Krupp eine geeignete Basis, um die Geschäfte auszudehnen.

Das war für Alfried Krupp um so wichtiger, weil er 1830 bereits ein Verfahren erfunden hatte, Gußstahl herzustellen, der sich schweißen ließ, eine ideale Voraussetzung für die Herstellung von Werkzeugen. Zum ersten Mal hatte die Firma im selben Jahr auch einen bescheidenen Gewinn gemacht. Die Wende war erreicht.

Nun machte Alfried einen Plan wahr, den er schon lange gehegt hatte. Er wollte ins Ausland, um sich dort umzusehen und zu lernen. Sein erklärtes Ziel war Sheffield in England, immer noch die größte Stahlschmiede der Welt, über die man sich in Deutschland nur Wunderdinge erzählen konnte. Hier wollte er die Geheimnisse lernen, die ihm noch zum großen Erfolg fehlten. Ein Jahr lang plante er die Reise, die einige Monate dauern sollte. In Essen hatte er vorgesorgt: Sein Bruder Hermann arbeitete als Werkführer, und Bruder Fritz bearbeitete die Buchhaltung, und so begab er sich zunächst nach Paris, um von dort weiter nach England zu fahren. Der Kontakt mit zu Hause brach nicht ab: täglich schickte er Briefe nach Hause, die weniger seine Reiseeindrücke schilderten, als vielmehr genaue und ausführliche Anweisungen für die Zurückgelassenen enthielten, manchmal bis zur Pingeligkeit und Lächerlichkeit ausgedehnt, vor allem was seine zahllosen Anweisungen zum Sparen betraf.

In England nahm er sich die Zeit, die er selber für notwendig erachtete, alles zu lernen. Das waren immerhin fünf Monate. Dabei kamen skurrile Charakterzüge zu Tage, die auch später noch sein Leben bestimmen sollten. So reiste er nicht unter seinem richtigen Namen, sondern gab sich als Engländer aus, um so – wie er glaubte – mehr Geschäftsgeheimnisse der englischen Stahlfirmen zu erfahren. Er versuchte sich zwar wie ein Engländer zu kleiden, beherrschte aber die Sprache nicht, so daß er schnell durchschaut war. Auch seine Notlüge, er sei auf dem Kontinent zur Schule gegangen und daher resultiere sein mangelndes Englisch, konnte ihn nicht vor dem Spott der Sheffielder bewahren.

Trotzdem nahm er eine ganze Reihe von neuen Erkenntnissen mit. Und noch etwas geschah bei diesem ersten Englandaufenthalt: Alfried Krupp änderte seinen Vornamen in Alfred. Das erschien ihm englischer; er behielt ihn bis zu seinem Tod bei, und so ist er auch in die Firmengeschichte eingegangen.

Alfred hatte sich zuvor vor allem auf die Herstellung kleinerer Walzen spezialisiert. Damit konnte er zum ersten Mal etwas Reales vorweisen, und so begab er sich in diesem Jahr mit einer Musterkollektion von Walzen auf Vertreterreise. Zwei Monate reiste er nach Frankfurt, Stuttgart, München, Leipzig und Berlin. Es war unter den damaligen Bedingungen eine mühsame Reise, doch die Aufträge, die er überall erhielt, lohnten die Anstrengungen. Die Erfolge waren so groß, daß er sein Leben lang ein Reisender bleiben sollte, ruhelos überall unterwegs in eigenen Geschäften.

1836

Die Preußische Armee führt zum ersten Mal Hinterladegewehre ein statt der bisher üblichen Vorderlader. Dies soll für lange Zeit die militärische Vorherrschaft Preußens festigen.

Die Aufträge seiner ersten Reise reichten, um endlich – 25 Jahre nach Gründung der Firma – die Fabrik zu vergrößern. In einem ersten Schritt stieg die Belegschaft von bisher bescheidenen 11 Mitarbeitern auf 30, und bald darauf sogar auf 67. Innerhalb kurzer Zeit war durch die Gründung des Zollvereins die Produktion um das Fünffache gestiegen.

Das konnte nur erreicht werden, indem sich Alfred vom kümmerlichen Fluß Berne unabhängig machte. Er kaufte eine von natürlichen Energien unabhängige Dampfmaschine. Das Geld dazu stellte Vetter Fritz von Müller durch eine Bürgschaft zur Verfügung. Die Dampfmaschine war zwar primitiv und störanfällig,

Den Export ankurbeln: das Werksgelände der Firma
Fried. Krupp um 1840

doch sie arbeitete, und Alfred konnte eifrig weiter Aufträge sammeln.

Er war nun der unanfechtbare autoritäre Führer einer Firma, der alleine entschied, was in seinen Augen zu entscheiden war. Daß sein Bruder Hermann auch in der Firma tätig war, änderte daran nichts. Alfred pochte – trotz seiner immer noch jungen Jahre – auf seinen Erfolg und benahm sich zunehmend wie ein Patriarch. Er war ähnlich wie sein Vater ein für die damaligen Zeiten ungewöhnlich sozialer Arbeitgeber, verlangte aber auch die ungeteilte Loyalität von Mitarbeitern und den eigenen Familienangehörigen.

So beanspruchte er eine für die Firma ganz entscheidende Erfindung seines Bruders Hermann als das eigene Werk. Bei der Reparatur einer Walze hatte Hermann bemerkt, wie die kaputte Walze auf Stahlresten immer die gleiche Spur hinterließ. Wenn das zufällig geschah, konnte man dies doch auch gezielt anwenden. Bisher war Besteck nur vorgestanzt gewesen und von Hand bearbeitet worden. Nun entwickelte Hermann eine Walze, die genau die negativen Formen des Bestecks aufwies. So kamen die fertigen Produkte gleich heraus, die Handbearbeitung war überflüssig. Für die Firma war diese Erfindung ein weiterer entscheidender Schritt nach vorne.

Dennoch blieb Fried. Krupp von Rückschlägen nicht verschont. Die schlimmsten Erfahrungen machte Alfred Krupp mit den Österreichern, die er nicht zuletzt deswegen nie mochte. 1840 hatte er einen Vertrag zur Lieferung einer Walzmaschine für die österreichische Münze geschlossen. In diesen Vertrag war ein nicht ungewöhnlicher Passus aufgenommen worden, der Krupp verpflichtete, bei Mängeln der Walze für Ersatz zu sorgen. Diesen Passus nutzten die Österreicher, um die Bezahlung der Maschine immer wieder hinauszuschieben und sie dann ganz zu verweigern. Am Ende verlor Alfred bei diesem Geschäft eine Summe von 75.000 Talern, ein Verlust, der den Satz „In diesem Augenblick stehe ich am äußersten Rand des Abgrunds, nur augenblickliche Hülfe kann mich noch retten" mehr als rechtfertigte, auch wenn Alfred sonst leicht zu übertriebenen Formulierungen neigte.

Die Not der frühen Jahre war zurückgekehrt. Alfred Krupp hatte das Gefühl, wieder auf dem kläglichen Stand zu sein, den er von seinem Vater übernommen hatte. Nur das Besteckpatent hielt die Firma noch am Leben. Mit Alexander Schöller, einem wohlhabenden Kaufmann, mußte Alfred einen Teilhaber aufnehmen, der nur an den Gewinnen, aber nicht an den Verlusten

Das Eisen schmieden: technische Zeichnung von Alfred
Krupp als Arbeitsanleitung

beteiligt war. So ist es kein Wunder, daß Alfred immer
wieder von Depressionen ergriffen wurde.

Dennoch – oder vielleicht auch gerade deswegen –
baute Alfred seine Macht nach feudalem Muster aus. Er
war der Meinung, daß die Industrieführer der Gegenwart dasselbe darstellten, wie die Feudalherren früher.
Unumschränkte Führerschaft und bedingungslose
Abhängigkeit. Das verlangte er von seinen Mitarbeitern, und das war gerade im Jahr 1848 im Zeichen der
heraufkommenden Revolution besonders wichtig.
Nachdem es auch in Preußen zu Demonstrationen und
Aufständen gekommen war, berief Alfred seine Arbeiter zu einer Versammlung ein. Er machte sie dabei auf
die bewegten Zeiten aufmerksam und erklärte ihnen
seine Erwartungen, daß sich keiner an Unruhen beteili-

ge, auch wenn sie in Essen ausbrechen sollten. Im Gegenteil, sie müßten alles dazu beitragen, Ruhe und Ordnung zu erhalten.

Auch privat ordnete er zu dieser Zeit sein Reich. Obwohl neben seinen Brüdern Hermann und Fritz ein weiterer Verwandter als Werksmeister in die Firma eingetreten war – der Vetter Adalbert Ascherfeld –, sorgte Alfred dafür, daß sein unumschränkter Führungsanspruch gesichert blieb. Er ließ sich von seiner Mutter die Firma alleine überschreiben, nicht ohne über den schlechten Zustand derselben zu jammern. Bruder Hermann war bereits vorher zu einer Tochterfirma nach Wien gegangen, und mit Bruder Fritz wagte er den offenen Bruch. Dieser erhielt wie seine Schwester Ida eine Barauszahlung, die jedoch nichts an seiner Verbitterung änderte. Er verließ Essen und zog nach Bonn, um sich dort als Kaufmann niederzulassen. Um solche Auseinandersetzungen in Zukunft zu vermeiden, ließ Alfred auch gleich eine Erbregelung festlegen, wonach immer nur das älteste Kind das Firmenvermögen erhalten sollte, eine Regelung, die an Fürstenhäuser erinnerte, nur daß es sich bei der Firma Fried. Krupp zu diesem Moment weniger um ein Fürstenhaus als um eine Klitsche handelte. Diese Regelung erwies sich als weit vorausschauend, doch sollte sie in den 60er Jahren des 20. Jahrhunderts Krupp auch beinahe zum Verhängnis werden.

1848

Die beiden Deutschen Karl Marx und Friedrich Engels formulieren in England gemeinsam das „Kommunistische Manifest", das 1917 in Rußland zum ersten kommunistischen Staat führen sollte.

Die erste Waffe

Alfred Krupps Stärke lag zweifellos im Verkauf und Verhandeln. Seine Brüder Hermann und Fritz waren ihm in Fragen der Erfindungen und Entwicklungen überlegen. Auf der Gewerbeausstellung 1844 bekam die Firma Krupp für zwei Röhrenglocken, die von Fritz entwickelt worden waren, eine Goldmedaille. Eine Einreichung von Alfred Krupp ging dagegen leer aus: zwei hohlgeschmiedete, kalt gezogene Musketenläufe. Alfred scheint das nicht einmal überrascht zu haben. In seinen eigenen Aufzeichnungen findet sich dazu kaum etwas. Und doch sollte es die Grundlage für den ganz großen Erfolg der Firma werden.

Warum sich Alfred überhaupt mit Waffen beschäftigte, ist unklar. William Manchester, der die wohl umfangreichste und genaueste Krupp-Geschichte geschrieben hat – aber auch die weitaus kritischste –, vermutet, daß es auf eine Anregung aus München zurückging, als Hermann auf einer Geschäftsreise 1834 dort von einem

Waffenhändler gefragt wurde, ob man Waffen aus Gußstahl herstellen könnte. Die Anfrage übermittelte Hermann an seinen Bruder Alfred, der sich zumindest gedanklich von diesem Zeitpunkt an immer wieder mit dem Problem beschäftigte. Allerdings nur nebenher und eher als Hobby, so daß es Jahre dauert, bis Alfred 1843 zum ersten Mal einen konischen, silberglänzenden Lauf herstellte. Und von neuem begann das Wechselspiel zwischen Hoffnung und Erwartungen auf der einen Seite, Absagen und Enttäuschungen auf der anderen.

Wohin er sich auch wandte, überall wurde er hingehalten oder gar gleich brüsk abgewiesen. Die preußische Regierung, die er ja trotz aller Enttäuschung als seine Herren betrachtete, wollten sich nicht einmal die Waffe vorführen lassen. Als er voller Verbitterung die Waffen – mit einem angekündigten Sonderpreis – den Engländern offerierte, war die Reaktion gleich. Alle wollten bei ihren Waffen aus Eisen bleiben und konnten im Stahl keine Vorteile erkennen. Das hatte viel mit den Traditionen und Vorurteilen der Militärs zu tun, die an der Maxime des Althergebrachten festhalten wollten und jede Erneuerung als Bedrohung der militärischen Traditionen und Tugenden sahen.

Den Durchbruch erzielte Alfred eher durch Zufall oder eine glückliche Fügung im Unglück. 1851 fand in London die erste Weltausstellung statt, und Alfred sah es als einmalige Gelegenheit an, hier seine Produkte und seine Kunst des Stahlgießens in aller Öffentlichkeit zu demonstrieren. Preußen hatte dort eine Ausstellungsfläche, und Alfred gelang es, einen Stand zu mieten. Er selbst kam auf die Idee, sich an einer Art Wettbewerb im Stahlgießen zu beteiligen. Es galt den größten Block Stahl vorzuweisen, der aus einem Guß bestand. Er feuerte seine Männer in Essen an, alles zu geben, und tatsächlich gelang es ihnen, 89 Schmelztiegel gleichzeitig auszugießen und daraus einen Stahlblock von 43 Zentnern herzustellen. Nun mußte nur noch dieses Monstrum nach England geschafft und der Öffentlichkeit damit bewiesen werden, daß er seine alte englische Konkurrenz weit hinter sich gelassen hatte. Alfred kümmerte sich selbst um jedes Detail, fuhr nach England voraus, um den Stand herzurichten und für eine ansprechende Präsentation zu sorgen. Nur der Block kam nicht an. Unerwartete Transportschwierigkeiten sorgten dafür, daß der Tag der Ausstellungseröffnung nahte und Krupp nicht präsentieren konnte. Also orderte er alles von zu Hause, was in seinen Augen präsentabel war, auch das von ihm gebaute Mustergeschütz, mit dem er die Militärs überzeugen wollte. Im Katalog der Ausstellung wurde es als „gun and carriage" bezeichnet, also als Geschütz und Lafette. Für die Besucher, aber auch die Journalisten, war dies eine Sensation. Dazu kam, daß im letzten Moment auch noch der Gußblock eingetroffen war, der das Erstaunen der Fachwelt auslöste und Alfred Krupp eine Goldmedaille einbrachte, wies doch der englische Gußblock aus Sheffield nur ein Gewicht von 27 Zentnern auf. Durch die öffentliche Resonanz fühlte sich Alfred zum ersten Mal richtig bestätigt und beschloß, nun tatsächlich auf die Produktion von Waffen zu setzen. Bereits vorher hatte er ein neues Feld der Produktion entdeckt. Die sich rasch ausbreitende Eisenbahn brauchte jede Menge Gußstahl – angefangen von Gleisen bis zu den

Wagenfedern. Auf der Weltausstellung lernte er den amerikanischen Unternehmer Thomas Prosser kennen, der noch im selben Jahr den ersten Vertrag mit Krupp schloß, um den Kruppschen Stahl für das amerikanische Eisenbahnwesen zu vertreiben. Später wurde die Firma Prossers die amerikanische Generalvertretung von Krupp, eine Verbindung, die fast neunzig Jahre bis zum Zweiten Weltkrieg bestehen blieb.

Die Eisenbahn stellte für Jahrzehnte die wirtschaftliche Grundlage für die Firma Krupp dar. Die Expansion beim Eisenbahnbau in Europa und vor allem auch in Amerika sorgte für eine stetige Nachfrage. Dazu kam, daß man hierbei viel weniger von den politischen Entwicklungen und Verwicklungen abhängig war. Eisenbahn – so schien es – war ein ziviles Transportmittel, das zur Industrialisierung der Länder und zur Mobilität der Bevölkerung unerläßlich war. Der Stahl der Firma Krupp war für den Schienenbau ebenso nötig, wie für die Räder, neben den Lokomotiven die beiden wichtigsten Voraussetzungen für den Eisenbahnbau. Der Handel mit Stahl für die Eisenbahnen bildete weltweit das erste Vertriebsnetz der Firma Krupp, das sich für die spätere Entwicklung als so wichtig herausstellte.

1850

Um 1850 entwickelt sich die Fotografie, die ein ganz neues Kapitel der Kulturgeschichte einläuten wird. Zum ersten Mal wird es möglich, Gegenwart für die Zukunft authentisch abzubilden.

Sein geschäftlicher Erfolg wurde jedoch durch private Schicksalsschläge gestört. Alfred Krupp war nun bereits über vierzig Jahre alt, und Zeitgenossen beschrieben ihn als „alten Herren". Er hatte bis dahin offensichtlich keine enge Beziehung zu einer Frau gehabt. Immer war seine Mutter Therese für ihn da, besorgte ihm den Haushalt, so daß er sich mit seiner

Expandieren und doch den Überblick behalten: Alfred Krupp im Stahlwerk

Die

Gußstahlfabrik von Fried. Krupp

in Essen.

Mit Originalzeichnungen von E. Limmer.

Verkaufen ist alles: Werbung für die Gußstahlfabrik
Fried. Krupp

ganzen Kraft der Arbeit widmen konnte. Unterstützt
wurde die Mutter im Haushalt von der Schwester Ida,
und es entsprach der Auffassung der damaligen Zeit,
daß diese Aufteilung durchaus normal sei. Im Sommer
1850 starb seine Mutter, seine Schwester Ida hatte ihn
– nicht zuletzt wegen seiner Regelung des Erbes – verlassen. Er war allein. Und so beschloß er, zu heiraten.
Doch es war nicht leicht für ihn, eine Frau zu finden.
Denn er ging kaum aus, und im Arbeitsbereich gab es
keine Gelegenheit, jemanden Standesgemäßes kennenzulernen.
So dauerte die Suche drei Jahre, und der Zufall führte
Regie. Der passionierte Reiter, der auch in der Firma nur
selten seinen Reitdress auszog, besuchte aus einer
plötzlichen Aufwallung heraus ein Theater in Köln.

Dort sah er die 21jährige Bertha Eichhoff, und in der ihm eigenen zielstrebigen Art ging er das Werben um sie an. Er brauchte vier Wochen dazu, und vielleicht trug ja auch sein überlieferter Spruch, der Gefühl mit Geschäftssinn auf wundersame Weise zu vereinen wußte, ein wenig dazu bei: „Wo ich glaubte, ein Stück Gußstahl sitzen zu haben, hatte ich ein Herz."

Die Hochzeit wurde in Essen als großes Ereignis für und mit der ganzen Firma gefeiert. Wichtiger und für Alfred auch bezeichnender war, was er sich als Heim für sich und seine junge Frau ausgedacht hat. Mitten zwischen den pausenlos arbeitenden Eisenöfen baute er ein Haus, wunderlicher als alles, was bis zu dieser Zeit auf einem Fabrikgelände hingesetzt worden war. Das Haus war von zahlreichen Glashäusern umgeben, die mit Pflanzen exotischer Art ausgestattet waren. Alfreds Idee war, eine Idylle mitten in seiner Arbeitswelt zu schaffen. Für sich selbst hatte er auf das Haus eine Art gläsernen Ausguck wie auf einem Schiff gesetzt, um das ganze Fabrikgelände zu überblicken, vielleicht aber auch, um seine Arbeiter besser kontrollieren zu können.

Die Idylle für seine Frau funktionierte allerdings nicht so recht. Alfred hatte übersehen, daß das Feuer so viel Abgas ausstieß, daß alles in und um das Haus in Minutenschnelle verschmutzt war. Die Maschinen sorgten darüber hinaus für eine solche Vibration auf dem ganzen Gelände, daß durch die Erschütterungen dauernd Gegenstände im Haushalt kaputt gingen. Es war also weniger ein Liebesnest oder gar eine Idylle, sondern eher ein Unikum solchen Ausmaßes und solcher Belastungen, daß es keine Frau auf Dauer akzeptieren würde. Das traf auch auf Bertha zu. Da ihr Gesundheitszustand nie sehr gut war, zog sie schon bald von Kurort zu Kurort. Dabei standen Alfred und sie in regem brieflichen Kontakt; Alfred bemühte sich, sie so häufig wie möglich zu besuchen. Zuvor hatte sie – nach knapp einem Jahr Ehe – am 17. Februar einen Sohn zur Welt gebracht, den Alfred zum Gedenken an seinen Vater – und um sich selbst zu ehren – Friedrich Alfred nannte. Da seine innigste Beziehung weiterhin seiner Fabrik galt, nannte er gleichzeitig seinen größten Schmiedehammer „Fritz". Dieser tat 24 Stunden am Tag seinen Dienst und war damit sicher ein entscheidender Grund für Bertha, das exotische Heim inmitten der Stahlfabrik gegen Hotels und Kurhäuser einzutauschen. Und so sollte die nächsten Jahre eine merkwürdige Beziehung zwischen den Eheleuten entstehen, die von gegenseitiger Zuneigung und von Distanz geprägt war. Alfred selber fühlte sich in seinem Palmenhaus zwischen all den lärmenden Maschinen eher einsam und verloren, und doch war es gleichzeitig für ihn ideal, inmitten seines Werkes zu wohnen und so alles überblicken zu können.

Belastet wurden diese ersten Ehejahre auch dadurch, daß der Erfolg in London trotz der Zeitungsartikel, die über Krupps Produkte jubelten, keine dauerhaften geschäftlichen Resultate zeigte. Allein die Stahlproduktion für die Eisenbahnen sollte die Fabrik aufrecht erhalten, insbesondere die Erfindung eines stählernen Radkranzes machte Krupp weltweit zur Nummer eins auf diesem Sektor.

1854

Napoleon III. beginnt im Bündnis mit England den Krieg gegen Rußland, um die Vormachtstellung Frankreichs in Europa zu sichern. Im „Frieden von Paris" schreibt Frankreich seine Rolle fest.

Alfred wollte von seinem Kanonengedanken nicht lassen. Nach wie vor war er überzeugt, daß seine Erfindung der glattgezogenen Stahlkanonen alles andere auf dem Markt der Kriegsgeschütze in den Schatten stellte, doch immer und überall wurde er abgewiesen, manchmal gleich schroff, manchmal nach langen erfolgversprechenden Verhandlungen. In seiner Verzweiflung schickte er an diverse Herrscherhäuser Musterproduktionen, die manchmal nur kommentarlos ins Arsenal gestellt wurden, manchmal überschwengliche Dankschreiben und sogar manchen Orden einbrachten. Zu geschäftlichen Abschlüssen kam es nicht.

Alfred Krupp war nahe dran, die Produktion von Waffen aus betriebswirtschaftlichen Gründen ganz einzustellen. Die Firma, die im Jahr 1857 rund 1000 Mitarbeiter hatte, machte zwar nun in den anderen Bereichen Profite, doch die waren nicht so hoch, als daß Alfred die Verluste aus der Waffenproduktion länger als ein Jahrzehnt tragen wollte.

Bis eines der verschenkten Schaustücke für die weitere Entwicklung der Firma Krupp die entscheidende Wende bringen sollte. Sie stand im Marmorsaal des Stadtschlosses Potsdam. Doch nicht der Hausherr, Preußens König Friedrich Wilhelm IV., dem die Kanone zugeeignet worden war, war dieser Retter, sondern sein Bruder Wilhelm Friedrich Ludwig von Hohenzollern. Dieser war damals schon als Kronprinz eingesetzt, weil der Herrscher kinderlos war; dazu kam, daß König Friedrich Wihelm IV. zeitweise als geistig verwirrt galt, so daß man davon ausgehen konnte, daß Wilhelm Friedrich Ludwig bald die Macht im Staate übernehmen würde. Als Militärexperte und Militärliebhaber war er von der Kanone begeistert, als er sie zufällig sah. Er beschloß „diesen Herrn Krupp" kennenzulernen und kündigte in Essen seinen Besuch an. Der wurde für Alfred ein voller Erfolg, denn er hatte seine Fabrik aufs Schönste herausgeputzt. Ein kleiner Schönheitsfehler blieb. Wilhelm Friedrich war noch einige Jahre Kronprinz, bis sein Bruder abdankte. Endlich wurde aus Wilhelm Friedrich Wilhelm I. von Preußen, und die Grundlage für dauerhafte Geschäfte zwischen dem Staat Preußen und der Firma Krupp war gefestigt.

Allerdings verliefen auch die nicht so reibungslos, wie sich Alfred das vorstellte. Denn er hatte in der preußischen Staatsspitze zwei entschiedene Gegner, die sich auch äußerst ungern von ihrem König vorschreiben lassen wollten, wie sie ihre Ämter zu führen hätten. Der eine war Handelsminister August von der Heydt. Den Konflikt mit ihm hatte Alfred selbst verursacht. Er hatte in einer starken neurotischen Angst vor Werksspionage dem Minister einen erbetenen Besuch des Werksgeländes versagt, was diesen so verbitterte, daß er beschloß, diese „Schweinerei" Krupp heimzuzahlen. Alfred war sich seines Fehlers bewußt, aber seine Reaktion zeigte auch ein wenig von seiner Hilflosigkeit. Er hängte sich ein Porträt von der Heydts über den Schreibtisch und ließ diesen wissen, daß das Bild ihn „aufmuntern und anspornen" solle. Doch Heydt erkannte diese offensichtliche Einschmeichlerei, ignorierte sie einfach und ließ nicht davon ab, dem Hause Krupp Schwierigkeiten zu machen, sei es in anstehenden Patentfragen, die sein Ministerium zu erteilen hatte, oder bei Aufträgen, die er trotz des dringenden Wunsches des Königs nicht erteilte.

Der zweite Gegner, den Krupp in der preußischen Führung hatte, war General Graf von Roon. Er wird allgemein als grobschlächtig beschrieben und nannte sich selbst „der Feldwebel des Königs". Er hatte die alten militärischen Einwände gegen Krupps Waffen und wollte sich auch vom neuen König davon nicht abbringen lassen. Der wiederum war Roon zu tiefstem Dank verpflichtet, stützte sich doch ein Teil seiner Macht auf Roons absolute Loyalität schon in der Vergangenheit. Endlich – als Krupp 1859 gerade ernsthaft darüber nachdachte, die Waffenproduktion einzustellen – zahlte sich die Verbindung zu Wilhelm I. aus. Der König kündigte eine Bestellung von 100 „Sechspfündern", einem kleineren Geschütz, an. Noch vor der Auftragserteilung erhöhte er die Zahl auf 312, was insgesamt einem Wert von 200.000 Talern entsprach, wovon 100.000 im voraus ausbezahlt wurden. Der Betrag und die Bestellung rechtfertigten den Bau der ersten Geschützfabrik. Krupp war mit einem Schlag nicht nur im Waffengeschäft, er war damit schon fast an der Spitze. In Europa gab es nur zwei ernsthafte Konkurrenten, die Firma Schneider in Frankreich und die Firma Armstrong in England. Alle drei Firmen sollten die folgenden Jahrzehnte das Waffengeschäft in Europa bestimmen, Krupp blieb aber immer der erste unter den dreien.

Die Konkurrenz wurde nicht zuletzt durch einen Umstand unterstützt, der aus der damaligen politischen Situation resultierte. Die Welt in der Mitte des 19. Jahrhunderts war keineswegs politisch so geordnet, daß man Freund und Feind immer klar unterscheiden konnte. Es gab zwar – insbesondere nach Niederschlagung der Revolution von 1848 – jede Art von Nationalismus und Patriotismus, aber Deutschland war in seiner Kleinstaaterei so zersplittert, daß von einem einheitlichen Staatsgedanken noch nicht ausgegangen werden konnte. Auch Preußen hatte noch längst nicht die spätere Bedeutung.

So konnte sich zwar Alfred Krupp immer wieder als glühender Preußenverehrer ausgeben, doch als die Aufträge ausblieben, wandte er sich genauso schnell dem Ausland zu, egal ob Frankreich, England oder Rußland, um dort Waffen zu verkaufen. Wenn er Mißerfolge hatte, dann benutzte er es gerne gegenüber dem preußischen Staat als Argument, daß er aus Patriotismus keine Waffen ins Ausland liefere (und dafür natürlich belohnt werden wollte), doch dieses Argument war schnell vergessen, als die Nachfrage stärker wurde. Im Jahr 1863 gab schließlich Zar Alexander I. einen Auftrag in Höhe von einer Million Taler, die größte Bestellung, die Krupp bis dahin erhalten hatte. Natürlich führte er ihn aus, zumal er ihm den Bau einer zweiten Geschützfabrik erlaubte.

1864

Auf Grund seiner grauenhaften Erfahrungen im Krieg gründet der Schweizer Henri Dunant das „Rote Kreuz", das schon bald international als Hilfswerk in Krieg und Frieden tätig wird.

Sein Gewissen über den Auftrag aus einem fremden Land beruhigte Alfred Krupp mit dem Hinweis auf das Versprechen, das er einst General Roon gegeben hatte: Niemals werde Krupp die Feinde Deutschlands beliefern, so daß mit einer Waffe Krupps auch niemals ein deutscher Soldat getroffen werden könne. Und schließlich zählte man in diesen Jahren ja weder Frankreich oder England, Rußland oder Österreich zu den Feinden Preußens.

Innerhalb von nur sieben Jahren baute Alfred Krupp sein Werk so aus, daß die Belegschaft von 1000 auf

7000 gestiegen war. Im selben Jahr 1864 erschien in einer Berliner Zeitung ein Artikel, in dem vom „Kanonenkönig" Krupp geschrieben wurde. Schon bald hieß Alfred Krupp in Frankreich „Roi des Canons" und in England „The Cannon King". Alfred gefiel das.

Der Krieg als Sieg und Niederlage

Es dauerte nur kurze Zeit, bis Alfred Krupp sein Versprechen nicht mehr halten konnte. Wilhelm I. hatte – zwar weitgehend unbeachtet, doch forciert – die Vormachtstellung für Preußen angestrebt, um der deut-

„Fritz" arbeitete 24 Stunden am Tag: der berühmte Dampfhammer von Fried. Krupp

Die Waffen erproben: Schießstand der Firma Krupp, zu dem die Waffen per Bahn transportiert wurden

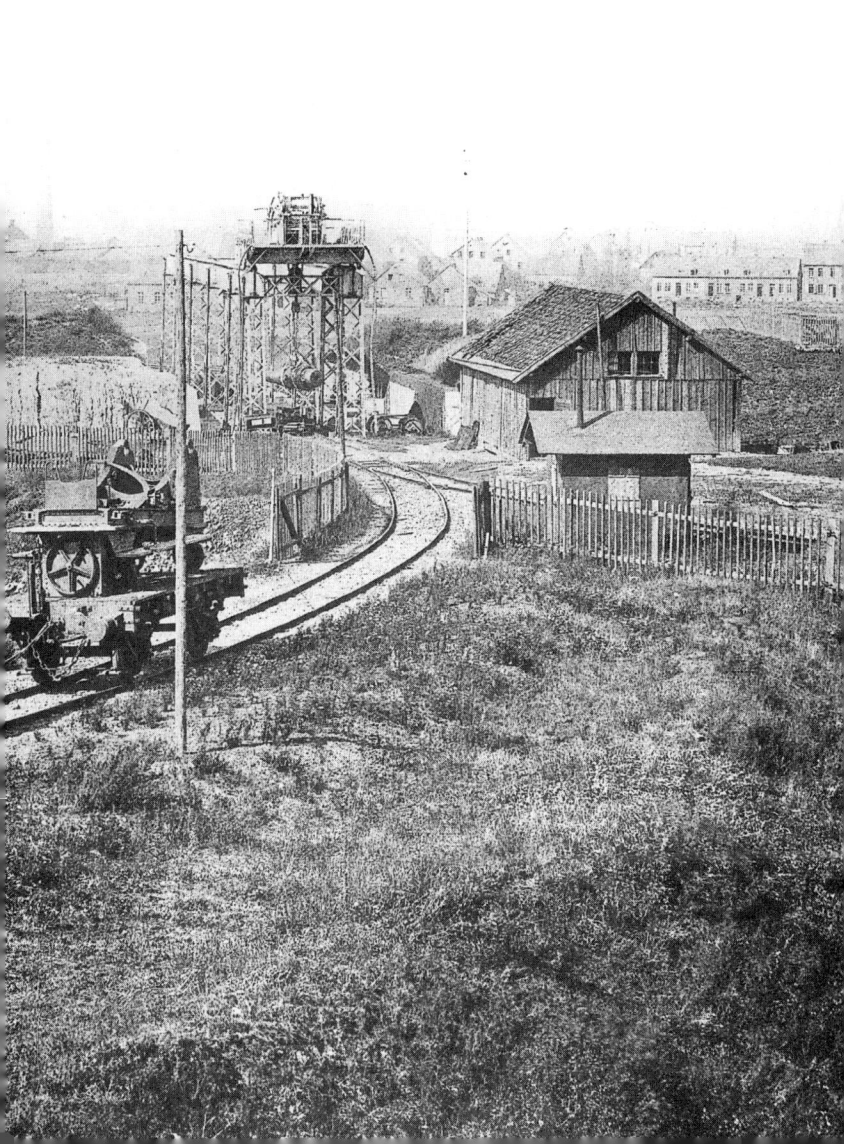

schen Kleinstaaterei ein Ende zu bereiten. Diese Kleinstaaterei hatte dazu geführt, daß Deutschland im Konzert der Nationen kaum noch eine Rolle spielte, und das
wollte Wilhelm mit Unterstützung seines Reichskanz-
lers Bismarck so schnell wie möglich beenden. Das
führte unweigerlich zum preußisch-österreichischen
Krieg im Jahr 1866. Krupp hatte beide Staaten mit Waffen versorgt, was ihm nun vom preußischen Kriegsmi-
nister vorgehalten wurde. Und das war inzwischen
sein alter Rivale, General Roon. Dessen Briefe gefielen
Krupp überhaupt nicht. Er versuchte die Beschwerden
mit einem Hinweis auf die lange Lieferdauer für die
österreichischen Kunden herunterzuspielen. Doch er
war in der Klemme. Er hoffte auf ein schnelles Ende des
Krieges, womit er auch recht behielt. Es sollte nur ein
geringer Trost bleiben, denn es folgte eine größere
Katastrophe. Für diesen Krieg hatte Krupp an die
preußische Armee Geschütze geliefert, die zum ersten
Mal mit dem von ihm so heftig favorisierten Hinterla-
deverfahren ausgestattet waren. Das brachte zwar eine
weit größere Schießgeschwindigkeit und Treffsicher-
heit, doch waren die Modelle noch nicht ausgereift.
Krupp mußte erfahren, daß Kanoniere verletzt, ja von
explodierenden Geräten regelrecht zerfetzt worden
waren. Diese Nachricht erhielt er in einem Moment, als
sich auch die Probleme in seiner Firma häuften. In
einem Anflug von Resignation begab er sich auf Reisen
und kam schließlich nach Nizza, wo seine Frau seit
einiger Zeit lebte. Sie war von dem Besuch des ruhelo-
sen Gatten, der offensichtlich Trost suchte, höchst
überrascht; war die Ehe doch immer weiter auf Distanz
geführt worden und Bertha auf eine enge Zweierbezie-

hung nicht mehr eingestellt. Alfred blieb im Exil, auch weil er hörte, daß in Essen die Cholera ausgebrochen war. Allmählich nahm er von Nizza aus die Geschäfte wieder auf, korrespondierte mit seiner Geschäftsleitung in Essen und hörte erleichtert, daß die Katastrophe mit den explodierenden Geschützen von der preußischen Regierung nicht weiter verfolgt werden sollte. Nach mehr als einem Jahr kehrte er nach Essen zurück.

Der Welt imponieren: Mit einer Riesenkanone bestückte
Alfred Krupp die Pariser Weltausstellung 1867

Villa Hügel

Die Rückkehr war dringend nötig. Für die ständige Expansion reichte Krupps Firmengelände längst nicht mehr aus, er ließ die alte Gußstahlfabrik niederreißen und baute sie ganz neu. Ergänzt wurde sie durch drei Maschinenwerkstätten, drei Walzstraßen, eine Stellmacherei, eine Achsendreherei, ein Hammerwerk für Geschütze und eine Dampfkesselwerkstatt. So wie Krupp expandierte, erweiterten auch viele andere Werke im Ruhrgebiet. Das ganze Gebiet wandelte sich in kurzer Zeit, nicht zuletzt durch die Kohleförderung, die im großen Stil betrieben wurde und den Stahlwerken einen schnell zur Verfügung stehenden Brennstoff lieferte. Doch das bedeutete auch, daß es zu einer Umweltbelastung kam, die zwar niemanden alarmierte, solange es die vor allem aus dem Osten zugewanderten Arbeiter betraf, aber für Alfred Krupp, der solange an seinem wunderlichen Haus auf dem Werksgelände festgehalten hatte, wurde es Zeit, sich nach einem neuen Domizil umzusehen. Und wieder kam seine Eigenwilligkeit zum Ausdruck. Nach langer Suche und vielen Gesprächen kam er zu der Meinung, daß es keinen besseren Architekten für sein neues Haus als ihn selbst geben könnte. Er machte Zeichnung um Zeichnung, Entwurf auf Entwurf: Es sollte das imposanteste Gebäude seiner Zeit werden. Seine Selbstsicherheit kehrte zurück, als er sogar plante, in dem Haus eine eigene Wohnung für den Kaiser einzurichten. Er beauftragte seine Vertrauten, das Gelände zu erkunden und durch verdeckte Aufkäufe zu sichern, um nicht durch überhöhte Preise ausgenommen zu werden. Er glaubte, wie rund 70 Jahre später ein gewisser Adolf Hitler, selbst der genialste Architekt zu sein, und trieb seine Baumeister mit den immer neuen Plänen in die Verzweiflung. Er überwachte die Bauarbeiten und fürchtete, vielleicht nicht mehr lange genug zu leben, um die Schönheit wirklich ausnutzen zu können. Aus diesem Grund ließ er ganze Plantagen von ausgewachsenen Bäumen rund um das Gelände pflanzen, eine für damalige Zeiten ungeheure Aktion. Er kümmerte sich um jedes Detail des Hauses, das eher ein Schloß wurde. Es war so gewaltig, daß nie genau festgestellt werden konnte, wieviele Räume das Haus eigentlich besaß, gab es doch keine Definition, was als Raum galt. Die Arbeiten zogen sich über Jahre hin und beanspruchten viel seiner Zeit, die eigentlich der weiter expandierenden Firma gewidmet sein sollte. Doch er fühlte sich wieder so stark, daß er beinahe einen tödlichen Fehler machte. Ungeachtet der Erfahrungen aus dem preußisch-österreichischen Krieg mit den Lieferungen an beide Kriegsparteien, versuchte er erneut in Frankreich Fuß zu fassen. Dabei zeichnete sich eine Auseinandersetzung zwischen Preußen und Frankreich ab, deren erste Auswirkungen bei der Krise um Luxemburg gerade zu sehen war, als Alfred Krupp bei der Pariser Ausstellung versuchte, mit dem Nachbarn im Westen ins Geschäft zu kommen. Er scheiterte am Nationalismus der Franzosen, die die Schneider-Werke unterstützen wollten. Gerade diese Ablehnung rettete Krupp. Als Bismarck 1871 mit Hilfe der Emscher Depesche Wilhelm I. zum Krieg mit Frankreich zwang, da gab es die große Bewährungsprobe für die Kruppschen Waffen nach den Problemen fünf Jahre zuvor. Und die Waffen bestanden bei der Schlacht von Sedan den Test hervorragend. Niemand hatte Preußen eine Chance gegen das hochgerüstete und hochmotivierte Frankreich gegeben. Doch dank der von Krupp ausgerüsteten Artillerie gelang es Wilhelm I. und General Moltke, die Armee Napoleon III. vernichtend zu schlagen.

Als Alfred Krupp mit Verspätung von diesem Sieg erfuhr, konzentrierte er sich noch mehr als bisher auf die Produktion von Waffen. Für die Belagerung von Paris, die 113 Tage dauerte, bei der Krupps Geschütze die Bürger in Angst und Schrecken versetzten, brachte er mit einer neuen Waffe den Sieg. Die eingeschlossenen Pariser hatten keine Außenverbindung mehr und setzten auf Ballons, mit denen sie die feindlichen Linien in unerreichbarer Höhe überfliegen wollten. Doch Krupp entwickelte mit seinen besten Technikern ein Ballongeschütz, das das Zeitalter der Flakgeschütze einleiten sollte. Er konnte damit Drei-Pfund-Granaten mehr als 500 Yards weit schießen, wie ein englischer Kriegskorrespondent anmerkte, und so war auch die

Vorläufer der Flak: Mit „Krupp's Ballon Geschütz" wurde die
Kapitulation von Paris erzwungen

Beziehung auf Distanz: Bertha Krupp und Alfred Krupp

letzte Verbindung der Pariser zur Außenwelt abgebrochen. Sie kapitulierten. Preußen war der Sieger des Krieges. König Wilhelm I. wurde auf Vorschlag Bayerns – das allerdings auf Druck Bismarcks reagierte – zum Kaiser des Deutschen Reiches gewählt.

Alfred Krupp war der zweite große Sieger des deutschfranzösischen Krieges. Ihm wurden zwar – außer später in seiner Heimatstadt Essen – keine Denkmäler gesetzt wie für Wilhelm und Bismarck, doch auch er hatte seine Genugtuung. Er zog in ein Schloß ein, seine Villa Hügel. Das gefiel ihm.

Die Geschäfte der Firma Fried. Krupp gingen besser als je zuvor. Bis nach China, Japan und Südamerika lieferte Alfred Krupp seine Waffen. Da verwundert es nicht, daß später der Historiker Walter Görlitz für diese Zeit feststellte, daß neben Clausewitz als Philosoph Alfred Krupp als Industrieller einer der Väter des modernen Krieges wurde.

Doch wie so häufig bei herausragenden Personen liegen Erfolg und Mißerfolg nahe beieinander. Nur zwei Jahre nach dem Ende des deutsch-französischen Krieges stand die Firma plötzlich vor dem Ruin. Der Hauptgrund liegt nicht bei der Firma selbst oder gar bei Alfred Krupp persönlich. Die Welt wurde 1873 zum ersten Mal durch eine weltweite Wirtschaftskrise erschüttert. Das noch junge System der Aktiengesellschaften funktionierte nicht mehr und sorgte von den USA bis Europa für Firmenzusammenbrüche. Die Firma Fried. Krupp geriet in den Sog dieser Krise, mit einem Schlag waren die Kassen leer und die Aufträge blieben aus.

Die Krise wirkte um so schlimmer, als die Firma keine Reserven hatte, mit der die Liquiditätsschwierigkeiten zu beheben gewesen wären. Das war die Schuld von Alfred Krupp. Einmal hatte der Bau der Villa Hügel – das Denkmal, das er sich selbst gesetzt hatte – Unsummen verschlungen. Zum anderen litt er nun unter etwas, was seinen Ruhm in der Geschichte ausmachen sollte. Alfred Krupp war der erste Unternehmer in Deutschland, der die Bedeutung der sozialen Einbindung der Mitarbeiter erkannt hat. In einer Mischung aus Patriarch, ja Despot, der alles besser wußte, und sozialem Vordenker, tat er alles, um seinen Arbeitern das Leben zu erleichtern, aber auch, um sie an sich und die Firma zu binden. Schon früh begann er mit dem Bau von Werkssiedlungen, baute eine freiwillige Altersversicherung auf, schuf Kindergärten und Schulen für die Familien der Mitarbeiter und errichtete Konsumläden, die die Versorgung zu günstigen Preisen sicherstellte. Alles

1873

Auf Grund der wachsenden Industrialisierung veröffentlicht der Hygieneforscher Max Pettenkofer seine Studie „Über den Wert der Gesundheit für eine Stadt".

diente zweifellos der Bindung der Mitarbeiter an die Firma und drückte so die Fluktuation. Allerdings hatte dies auch seinen Preis für die Mitarbeiter. Die Altersversorgung kam nur denen zugute, die in der Firma blieben. Und so fortschrittlich die Angebote im sozialen Bereich waren, so reaktionär verhielt sich Alfred Krupp politisch gegenüber seinen Arbeitern. Er verlangte Gehorsam gegenüber dem Staat und seiner eigenen Person. So nahm er in vielem das voraus, was später Bismarck in seiner Sozialgesetzgebung vertrat, die ihm das Verbot der sozialistischen Partei erst ermöglichte. Doch alles, was Alfred vorantrieb, kostete die Firma viel Geld, und plötzlich fehlte dieses Geld in der Kasse. Dazu kam, daß die Firma in den Jahren zuvor stark ausgeweitet wurde und unter anderem das erste Stahlwerk in Betrieb genommen worden war, das nach dem neuen „Siemens-Martin"-Verfahren arbeitete, das zwar besseren Stahl lieferte, aber auch erheblich teurer war.

Die Krise war da, und Alfred Krupp verhielt sich wie so oft in seinem Leben. Er setzte alles auf eine Karte und gewann. Er verlangte von Kaiser Wilhelm und Bismarck die Hilfe des Staates, indem sie ihm Vorschüsse auf zukünftige Waffenlieferungen bezahlen sollten. Er erhielt 30 Millionen Mark, für deren Sicherheit er allerdings einen Treuhänder in der Firmenleitung akzeptieren mußte. Gemildert wurde diese Auflage durch die Tatsache, daß die Regierung dafür Carl Meyer auswählte, Krupps Berliner Vertreter, der der Firmenleitung bereits angehörte. Krupp hatte die Jahre der explosiven Expansion trotz und manchmal auch wegen der Wirren der Zeit überstanden.

Die Zahl der Zimmer konnte nie festgestellt werden:
Villa Hügel oberhalb von Essen

Die drei Ringe

Als die Krise des Jahres 1873 überwunden ist, steht Alfred Krupp auf dem Höhepunkt seines Lebens. Mehr als 12.000 Mitarbeiter wirken in seinen Firmen, er ist – trotz des Treuhänders – der unumschränkte Herr in seinem Haus. Jetzt zahlt sich aus, daß er frühzeitig das Stahlgeschäft für den Eisenbahnbau so forciert hatte. Der Anteil an Rüstungslieferungen geht stetig zugunsten der übrigen Produkte zurück, nachdem er 1876 die Rekordmarke von 50 Prozent erstmals überschritten hatte. Das hindert Alfred allerdings nicht, Konkurrenz schon möglichst im Keim zu ersticken, wenn er sie nur wittert. So versucht er, die viel kleinere Firma Gruson aus Magdeburg, die ebenfalls Geschütze herstellt, überall schlecht zu machen. Später wird er sie dann einfach aufkaufen.

Um groß dazustehen, braucht man aber auch ein Firmenzeichen, mit dem man immer und überall identifiziert werden kann. Alfred Krupp weiß, was eine „Corporate Identity" ist, bevor das Wort vielleicht hundert Jahre später zum ersten Mal in Deutschland benutzt wird. Er gibt ein Firmenzeichen in Auftrag, das am 9. Dezember 1875 ins Warenregister eingetragen wird. Es sind drei ineinandergeschobene Ringe, deren Bedeutung zu immer wieder neuen Vermutungen Anlaß gegeben haben. Wohlwollende Beobachter sehen darin drei Eisenbahnräder. Genauso könnte man die Ringe aber auch als Öffnungen von drei Kanonenröhren betrachten. Vermutlich ist es aber nur eine graphische Lösung, die wegen ihrer Einfachheit besticht. Das Firmensignet ist so erfolgreich, daß es über die ganze Firmengeschichte hinweg beibehalten wird.

In dieser Zeit wird Alfred immer eigentümlicher. Seine Marotten steigern sich, sein Mißtrauen wächst, und er wird so unerträglich, daß ihn eines Tages seine Ehefrau endgültig verläßt. Darunter leidet besonders sein Sohn Friedrich Alfred, allgemein nur Fritz genannt. Er ist im Jahr 1854 geboren, eher kränklich und schwach und ganz ohne Zweifel ohne den harten Willen und die Durchsetzungskraft des Vaters. Der versucht alles, einen Sohn aus ihm zu machen, der seinen Vorstellungen entspricht. Dazu gehört, daß er weitgehend von Privatlehrern erzogen wird und der Vater ihm die Aufgabe gibt, dessen eigene Briefe und sonstigen Aufzeichnungen abzuschreiben. Alfred ist überzeugt, daß dies eine weit bessere Ausbildung ist, als das von Fritz angestrebte Studium der Naturwissenschaften. Das Selbstbewußtsein des Sohnes erleidet einen neuen Schlag, als er mit 18 Jahren nach kurzer Zeit wegen kör-

1875

Auf Grund der Lehren der Arbeiterführer August Bebel und Ferdinand Lasalle gründet sich in Deutschland die sozialistische Arbeiterpartei (die sich von 1890 an SPD nennt).

perlicher Schwäche vom Militärdienst entlassen wird, den er gegen den Willen des Vaters angetreten hatte.

An sich sind bei Fritz die Voraussetzungen für den klassischen Fall gegeben, daß ein schwacher Sohn das Werk des Vaters nicht fortsetzen kann. Zwei Umstände tragen zu einer veränderten Situation bei. Nach der Entlassung aus dem Militärdienst beordert der alte Krupp den Sohn zu sich, da er selbst merkt, wie isoliert er inzwischen ist und deswegen ein vertrautes Gesicht in seiner Umgebung braucht. Zum anderen entdeckt Fritz Krupp selbst sein wahres Talent: die Kunst des Vermittelns. Im Umgang mit den leitenden Mitarbeitern des Hauses kann er manche Katastrophe und manche Verbitterung auflösen, die durch das starre Verhalten des Alten verursacht werden. Und so wächst der Junge, den alle unterschätzt haben, in die Verantwortung hinein, während sein Vater immer einsamer wird. Zu Hilfe kommt ihm dabei, daß er trotz seiner nicht wissenschaftlichen Ausbildung erkennt, daß die Firma weniges nötiger hat als den Aufbau und Ausbau der Forschung. Gerade die chemische Wissenschaft macht in diesen Jahren viele Fortschritte. Eine Firma wie Krupp wäre schnell ins Hintertreffen geraten, wenn dieses Feld nicht gefördert worden wäre. Geholfen hat Fritz und der Firma, daß 1879 ein neuer Mann an die Spitze der Geschäftsleitung tritt, der genug Autorität besitzt, sich gegen Alfred durchzusetzen. Mit Hans Jencken und dem jungen Fritz kann die Firma einen neuen Weg gehen.

1887 stirbt Alfred Krupp. Nun ist Fritz auch offiziell der Erbe der Firma. Er ist 33 Jahre alt und fühlt sich fit genug, sich – getreu dem alten Motto – das Erbe auch

Essen. Als Marke ist eingetragen unter Nr. 1 zu der Firma **Fried. Krupp** in Essen zufolge Anmeldung vom 6. Dezember 1875, Mittags 12 Uhr, für „Stahl und Eisen, sowie Stahl- und Eisenwaaren" das Zeichen:

Essen, den 9. Dezember 1875.
Königliches Kreisgericht. I. Abtheilung.

Ein Markenzeichen geschaffen:
Gebrauchsmusterschutz von 1875 und modernes Signet

zu erarbeiten. Nur ein Jahr später tritt Wilhelm II. sein Amt als deutscher Kaiser an, und Fritz weiß sich – wie sein Vater – den Mächtigen anzudienen. Wilhelm seinerseits weiß, was die Industrie für seine weitreichenden Machtpläne bedeutet. Und so gelingt dem früher so häufig unterschätzten Fritz Krupp das, was sein Vater immer wollte, aber nie richtig geschafft hatte: eine unverbrüchliche Verbindung zum Kaiser. Doch der Preis ist hoch. Der Kaiser verlangt mehr und mehr von seinem Industriepartner, der als Trost allerdings sehen kann, wie die Gewinne von Jahr zu Jahr steigen.

In der Öffentlichkeit wird das enge Verhältnis zwischen dem Herrscherhaus in Berlin und dem Industriellenhaus in Essen mißtrauisch gesehen. Das Mißtrauen verstärkt sich, als Fritz Krupp beschließt, Reichstagsabgeordneter in Berlin zu werden. Nur schwer ist der Verdacht zu entkräften, daß Politik und Geschäft hier auf das Innigste verknüpft werden sollen. Er zieht sich damit die Kritik der Liberalen und der Presse zu, ein Umstand, der dem trotz allen geschäftlichen Erfolgs nach wie vor Sensiblen schwer zu schaffen macht. Diese Kritik schlägt sich auch auf wirtschaftlicher Seite nieder. So vorteilhaft sich die Verbindung Politik und Krupp in manchen Bereichen auszahlt, gerät sie dadurch bei einem ganz wichtigen Geschäft in Schwierigkeiten. Die von Wilhelm II. so forcierte Aufrüstung der Marine erfordert große Mengen von Panzerstahl, mit dem die Schiffe vor Angriffen geschützt werden sollten. Dieser Bereich entwickelt sich zu einem der wichtigsten der Krupp-Werke. Durch die öffentliche Diskussion verunsichert, lockert Admiral von Tirpitz die Verbindungen zu Krupp, so daß Konkurrenten zum Zuge kommen.

Das mag wohl einer der wichtigeren Gründe gewesen sein, warum sich Fritz Krupp mehr und mehr aus dem Tagesgeschäft zurückzog. Das überließ er seinem Direktorium, er selbst behielt sich die großen Entscheidungen vor, die die Firma tatsächlich auf den Weg zu einem Konzern brachten. In dieser Funktion wurde Fritz Krupp häufig unterschätzt. In Wirklichkeit war er seinem Vater durchaus ebenbürtig, wenngleich später

Die Schornsteine rauchen: das Essener Fabrikgelände
gegen Ende des 19. Jahrhunderts

einer der größten Skandale des Kaiserreichs sein Werk überschattete.

Fritz Krupp hatte 1882 gegen den ausdrücklichen Willen seines Vaters die damals ebenfalls 28jährige Margarethe von Ende geheiratet. Aus der Ehe gehen zwei Töchter hervor, Bertha und Barbara. Die Beziehung scheint nicht besonders tief gewesen zu sein, denn immer häufiger gehen die Eheleute getrennte Wege. Fritz hat sich ein Refugium im geliebten Capri gebaut. Er wird bald der heimliche Herrscher der Insel, denn er fördert ihre Entwicklung mit viel Geld. Er läßt eine Straße bauen, deren Überreste noch heute zu besichtigen sind.

Die Flucht nach Capri hat einen Grund. Fritz ist ein begeisterter Meeresbiologe im Amateurstatus. Im Capri gegenüberliegenden Neapel wirkte damals der deutsche Zoologe Anthon Doorn, der berühmteste Meeresbiologe seiner Zeit. Mit ihm zusammen will Fritz seine Studien betreiben. Die anfängliche Ablehnung Doorns legt sich, als Fritz in Essen die modernsten Forschungsschiffe und Geräte entwickeln ließ. Die Berichte über seine Forschungsergebnisse lassen den Schluß zu, daß er sich zum ersten Mal in seinem Leben glücklich fühlt. In diesem Glück glaubt er nun auch endlich ohne Hemmungen seine privaten Vorlieben ausleben zu können. Eines Tages erscheint in einer italienischen Zeitung die Notiz, daß Krupp in seiner Villa auf Capri seiner homosexuellen Neigung nachgehe. Das erstaunt, denn im Gegensatz zu Deutschland ist Homosexualität in Italien nicht strafbar.

Die Sache ist aber weit komplizierter, und Fritz ist selber daran schuld. Er hat offensichtlich erst spät, dafür aber dann umso heftiger, seinen homosexuellen Neigungen nachgegeben. In Berlin lag ein Fall bei den Akten, der bis zur Zeitungsveröffentlichung nur ganz wenigen bekannt gewesen war. Der Besitzer des Hotels Bristol, in dem Krupp immer abstieg, war bei der Polizei vorstellig geworden. Er hatte Angst, daß Krupps Verhalten ihn in ein Verfahren wegen Kuppelei hineinziehen könnte. Krupp hatte ihm ein Angebot gemacht, das er nur schwer ablehnen konnte, wenn er den prominenten Gast nicht verlieren wollte. Er sollte junge Italiener in seinem Hotel anstellen, als Kellner oder Boten. Die Bezahlung übernahm Krupp. Die Bedingung dafür war, daß sie bei einem Aufenthalt von Fritz Krupp ausschließlich ihm zur Verfügung stehen würden. Zur Arbeit waren sie kaum einzusetzen, weil fast keiner von ihnen ein Wort deutsch sprach. Wenn Fritz Krupp da war und die Jungen in seine Räume bestellte, ging es dennoch laut her, wobei man – wie der Hotelbesitzer bei der Polizei zu Protokoll gab – keinen Dolmetscher brauchte, um zu verstehen, worum es sich bei den Zusammenkünften handelte.

Zum großen Erstaunen des Hotelbesitzers war der vernehmende Kriminalkommissar keineswegs besonders überrascht. Hans Tresckow war in Berlin der Spezialist für Homosexualität bei Prominenten. Den brauchte man offensichtlich dringend. Wie Tresckow später in seinen Erinnerungen niederschrieb, gab es Hunderte von Prominenten aus den Herrscherhäusern, aus dem Militär und aus dem Gesellschaftsleben, die ihren gleichgeschlechtlichen Neigungen nachgingen. Soziologen haben es später mit der starren preußischen Haltung, mit der Vorliebe fürs Militärische erklärt, daß gerade in dieser Zeit so viele davon betroffen waren. Er nahm auf jeden Fall den Bericht des Hoteliers zur Kenntnis, gab aber kein Anzeichen dafür, daß er etwas gegen Fritz Krupp zu unternehmen gewillt sei. Der Hotelier bat daraufhin Fritz Krupp, seine Zimmer zu räumen und sich für die Zukunft ein anderes Hotel zu suchen. Wenn man die Macht Krupps zu dieser Zeit berücksichtigt, war es ein durchaus mutiger Schritt. Andererseits hatte er offensichtlich das Gefühl, daß Krupp aus einem öffentlichen Skandal ungeschorener davon kommen würde, als er selbst als Logiergeber. Damit sollte er sich allerdings täuschen.

Krupp sah, daß es schwierig wäre, in Deutschland eine neue Möglichkeit für den uneingeschränkten Genuß zu finden. Er verlegte sich ganz auf Capri und ließ da auch seiner Phantasie freien Lauf. Eine Grotte für die Liebesspiele wurde eingerichtet und allerhand Mummenschanz betrieben. So stellte er einen als Franziskaner verkleideten Wärter vor die Grotte, was die örtliche Geistlichkeit besonders erboste. Solange das Ganze noch einigermaßen geheim ablief, kümmerte sich kaum jemand darum. Doch eines Tages kam es zu öffentlichen Auseinandersetzungen, ausgelöst von zwei Jungen, die aufeinander eifersüchtig waren, wer besser in der Gunst des feudalen Herrn aus Deutschland dastehe. Die Geschichte geriet zum Skandal, und Fritz Krupp wurde aufgefordert, die Insel zu verlassen und in Zukunft italienischen Boden nicht mehr zu betreten.

Das mußte ihm schon als die schrecklichste Strafe erscheinen, doch es kam noch schlimmer. Die Nach-

1900

Am 1. Januar 1900 tritt das Bürgerliche Gesetzbuch (BGB) in Kraft. Damit ist in Deutschland insbesondere in den Bereichen Vertrags-, Eigentums- und Familienrecht die Rechtseinheit hergestellt.

richten aus den italienischen Zeitungen drangen nach
Deutschland und wurden zunächst in anonymer Form
auf den Weg gebracht.

Seine Frau Margarethe bekam auf diesem Weg Doku-
mente und italienische Zeitungsausschnitte zuge-
schickt. Sie fuhr kurzerhand nach Berlin, um beim Kaiser vorstellig zu werden und um Hilfe zu bitten. Daß
sie selbstverständlich davon ausging, beim Kaiser vor-
gelassen zu werden, und auch tatsächlich empfangen
wurde, zeigt die Machtstellung der Krupps. Der Kaiser
war entsetzt. Nicht über die Anschuldigungen, nicht
über das Verhalten von Fritz. Das wußte er alles selbst.
Er war außer sich über Margarethes Verhalten, die ihn
damit zwang, etwas zu unternehmen. Der einzige Aus-
weg, den er Fritz Krupp am nächsten Tag vorschlug:
Man erklärt Margarethe für geisteskrank und schiebt
sie in ein Sanatorium ab, bis sich alles wieder beruhigt.
Gegen ihren Willen und offensichtlich auch gegen ihren
erbitterten Widerstand wurde Margarethe aus der Villa

Gewaltige Expansion unter Fritz Krupp:
die Maschinenbauhalle um die Jahrhundertwende

Ein Skandal erschüttert das Land und die Firma:
Margarethe Krupp und Fritz Krupp

Hügel weggebracht. Doch auch dieses Menschenopfer konnte Fritz nicht mehr retten. Die *Augsburger Postzeitung* erwähnte in einem Korrespondentenbericht aus Rom, daß der Fall zu tun habe „mit dem Namen eines Großindustriellen von bestem Klang, der mit dem kaiserlichen Hof eng verbunden ist". Als Fritz davon hörte, war er außer sich. Er wollte die beiden italienischen Zeitungen verklagen. Bei der deutschen Veröffentlichung tröstete er sich damit, daß sein Name nicht genannt wurde. Er hatte die Hoffnung, daß es dabei bliebe. Doch am 15. November 1902 veröffentlichte die SPD-Parteizeitung *Vorwärts* einen Beitrag unter dem harmlosen Titel „Krupp auf Capri", in dem alle Einzelheiten standen. Die Zeitung war im Nu ausverkauft. Die Bombe war geplatzt.

Eine Krisensitzung jagt die andere. Krupp fordert den Kaiser auf, gegen den *Vorwärts* vorzugehen. Er selbst läßt in den Krupp-Werken Plakate aufhängen, auf denen die Sozialdemokratie als eine Organisation übler Verleumder hingestellt wird. In Berlin erwägt man, ein schon lange erwünschtes Verbot gegen die Sozialdemokratische Partei zu erlassen. Doch Fritz Krupp hat offensichtlich nicht mehr genug Kraft, um zu kämpfen. Eine Woche nach der Veröffentlichung im *Vorwärts* wird er in seinem Zimmer tot aufgefunden. Es dauert Stunden, bis der Tod bekannt gegeben wird. Über die Todesursache gibt es die widersprüchlichsten Angaben aus dem Haus, bis sich die Ärzte auf „Gehirnschlag" festlegen. Sofort kommen auch Gerüchte von einem Selbstmord auf. Alle erst später veröffentlichten Unterlagen lassen den Selbstmord eindeutig erscheinen.

1902

Theodor Mommsen, Historiker und Schriftsteller, erhält für seine „Römische Geschichte" den Nobelpreis für Literatur, der 1901 vom Unternehmer Alfred Nobel begründet worden war.

Dessen ungeachtet gerät das Begräbnis für Fritz Krupp zu einer Art Staatsakt. Im Regen marschiert der deutsche Kaiser hinter dem Sarg und erweist dem Mann, dem er so viel verdankt und der ihm so viel verdankte, die letzte Ehre. Auch Tausende von Kruppianern ziehen hinter dem Sarg des Mannes her, der vielen solange so wenig galt und der im Endeffekt in den wenigen Jahren, die er an der Spitze des Hauses stand, die Firma Krupp zur Weltfirma gemacht hat.

Das Interregnum

Fritz Krupp ist so früh gestorben, daß eine natürliche Nachfolge, wie sie sich drei Generationen als selbstverständlich ergeben hat, nun nicht in Frage kommt. Er hat zwar testamentarisch bestimmt, daß seine Tochter Bertha als Alleinerbin die Firma einmal besitzen soll, doch ist diese bei seinem Tod gerade erst 16 Jahre alt. Testamentarisch hat Fritz Krupp jedoch auch hinterlassen, daß die Firma in eine Aktiengesellschaft umgewandelt wird, eine Gesellschaftsform, die zu dieser Zeit immer beliebter wurde. Nur mit dem kleinen Unterschied, daß die Aktien im Besitz der Familie bleiben sollen. Die AG läßt zu, daß ein ordnungsgemäßer Vorstand installiert wird, der für die Führung der Geschäfte verantwortlich ist, so daß die folgenden Jahre gut überstanden werden. Vier Jahre nach dem Tod von Fritz Krupp heiratet seine 20jährige Tochter Bertha einen 16 Jahre älteren Diplomaten: Gustav von Bohlen und Halbach. Ein schöner Name zweifellos,

Aktien, aber nicht zum Kaufen: ein Krupp-Anteilschein für die erste AG

doch ursprünglich kommt sein Träger aus eher bescheidenen Verhältnissen. Zur Hochzeit sagt sich wieder kaiserlicher Besuch an, und Wilhelm hat auch gleich für den Bräutigam ein Geschenk in der Tasche: Mit einem Erlaß wird ihm sowie dem jeweils erstgeborenen männlichen Nachkommen gestattet, den Namen Krupp vor den eigenen Namen zu stellen.

Damit ist Gustav von Bohlen und Halbach ein Krupp – aber eher im Stand eines Prinzgemahls. Den Namen muß er sich erst verdienen.

Das fällt ihm keineswegs leicht. Er weiß, welche Bürde da auf ihn wartet mit einer Firma von einigen zehntausend Arbeitern und Angestellten. Im geschützten Milieu des Diplomatendienstes hat er nichts über

Unternehmertum gelernt und auch nichts über die dafür notwendigen technischen und wissenschaftlichen Voraussetzungen. So wie Alfred der geniale und skrupellose Unternehmer war, so wie Fritz die Forschungselemente verstärkte, so fehlt es Gustav an beidem. Er ersetzt es durch etwas, was allgemeines Erstaunen und auch Entsetzen hervorruft. Ein Pedant allererster Ordnung zieht in die Villa Hügel ein. Alles muß nach der von ihm vorgegebenen Ordnung ablaufen. Die Uhr ist das wichtigste Arbeitsinstrument für den neuen Krupp.

Im Laufe der Jahre von 1907 bis 1922 bekommen Bertha und Gustav acht Kinder, von denen allerdings der zweite Sohn Arnold mit einem Jahr stirbt. Auch bei der Kindererziehung ist Disziplin weit wichtiger als Gefühle, eine Haltung, die der Familie später noch viele Schwierigkeiten macht.

Sechs Jahre nach der Hochzeit, 1912, beging die Firma Krupp ihr hundertjähriges Jubiläum. Das ist zwar nicht korrekt gerechnet, denn Friedrich Krupp hatte ja seine Fried. Krupp bereits 1811 gegründet, doch als Feierdatum wählte man den Geburtstag Alfrieds, des späteren Alfred, im darauffolgenden Jahr. Die Feiern dauerten Tage und wurden von einem Kostümfest, einem Ritterspiel, gekrönt, zu dem auch der Kaiser sein Erscheinen zugesagt hatte. Von ihm wußte man ja, daß er einen solchen Mummenschanz liebt, und es war für ihn wieder eine willkommene Gelegenheit, nach Essen zu fahren. Im letzten Moment mußte das Spiel jedoch abgesagt werden, weil es an diesem Tag zur bisher größten Bergwerkskatastrophe im Ruhrgebiet gekommen war, bei der 112 Menschen starben. So begnügte sich der

Hier fallen die Entscheidungen: Krupp-Verwaltungsgebäude um 1913

Kaiser, mit Gustav von Bohlen und Halbach an der Seite durch Essen zu schreiten.

In den hundert Jahren war ein gigantisches Werk entstanden. Das Werksgelände in Essen war etwa sechsmal so groß wie der alte Stadtkern. Es gab darüber hinaus Zweigwerke im Ruhrgebiet, in Magdeburg und Kiel. Die Firma besaß ein eigenes Eisenbahnnetz von fast zweihundert Kilometer Länge. Der Umsatz betrug im Jubiläumsjahr rund 430 Millionen Reichsmark. Wie seit langer Zeit entfiel davon rund ein Drittel auf Kriegsmaterial, das sich natürlich längst nicht mehr auf Kanonen beschränkte. Das Wachstum in diesem Bereich verdankte man einer absurden Entwicklung in der Waffentechnik. Für jede neue Angriffswaffe gaben die Staaten Aufträge, neue Abwehrwaffen zu entwickeln. Da Krupp sich dieser Entwicklung keineswegs entgegenstellte, ging die Konjunktur unaufhörlich weiter. Wurde eine neue, noch schlagkräftigere Kanone gebaut, mußte ein neuer Stahl entwickelt werden, der auch diese Schläge aushielt. Krupp profitierte erneut. Von dieser Wechselwirkung bei der Aufrüstung lebt im übrigen noch heute die Rüstungsindustrie.

1912

Die als unsinkbar geltende „Titanic" rammt auf ihrer Jungfernfahrt von Southampton nach New York einen Eisberg und sinkt innerhalb von drei Stunden. 1517 Menschen verlieren ihr Leben.

Nur ein Jahr nach den Jubiläumsfeierlichkeiten stand die Firma Krupp im Rampenlicht, aber nicht so, wie sie es sich gewünscht hatte. In einem Prozeß in Berlin, der von Sozialistenführer Karl Liebknecht ins Rollen gebracht worden war, wurde festgestellt, daß sich der Berliner Krupp-Repräsentant durch ein kompliziertes System von Bestechungen Vorteile verschafft hatte. Auch wenn es für viele keine Überraschung war,

Die Rüstung verlangt alles: Gießen von Granatmänteln bei Krupp während des 1. Weltkriegs

daß die Korruption in der Industrie – und gerade in der Waffenindustrie – eine große Rolle spielte, so war es doch peinlich, in aller Öffentlichkeit so angeprangert zu werden. Jahre später wurde das Bestechungssystem noch einmal publik, diesmal sozusagen durch einen Kronzeugen. Ausgelöst wurde es durch einen ehemaligen Mitarbeiter, der von 1912 bis 1914 zur Führungsetage des Hauses gehörte und wie Gustav Krupp aus dem diplomatischen Dienst kam. Wilhelm Muehlon machte schnell Karriere, obwohl er Pazifist war. 1914 bei Kriegsbeginn verließ er gegen den Willen Gustavs von sich aus die Firma. Er berichtete später über ein ausgeklügeltes Korruptionssystem, das die Firma nicht gerade im besten Licht dastehen ließ.

Man kann vermuten, daß diese Vorwürfe zu Recht bestanden, hatte es doch auch schon unter Alfred ausgeprägte Bemühungen gegeben, auf allen möglichen legalen und illegalen Wegen an Aufträge heranzukommen. Doch gleichzeitig blieb Krupp dabei, das Sozialsystem in der Firma selbst zugunsten der Mitarbeiter weiter auszubauen. In den Jahren vor dem Ersten Weltkrieg hatte Berthas Mutter Margarethe ein großes Wohnbauprojekt in die Wege geleitet, das bis heute als mustergültig angesehen wird und das auch heute noch ihren Namen trägt: die Margarethenhöhe in Essen.

Der große Krieg

Was kann es für einen Rüstungsfabrikanten Besseres geben als einen Krieg? Wer nicht ganz blind war, mußte bereits in den Jahren vor 1914 sehen, daß die Politik Wilhelms II. fast unvermeidlich auf einen Krieg zusteuerte. Die Kriegseuphorie in ganz Deutschland, als es dann nach der Ermordung des österreichischen Thronfolgers durch einen Attentäter in Sarajewo losging mit dem Krieg, ist oft beschrieben worden. Auch Gustav Krupp von Bohlen und Halbach war durch und durch ein Patriot, der mit Begeisterung die Entscheidung des Kaisers zur Kenntnis nahm. Was uns heute so unverständlich erscheint, muß man mit den damaligen Augen sehen. Alle Deutschen waren überzeugt, daß der Krieg bis spätestens Weihnachten 1914 gewonnen sein würde. Dazu kam, daß Krieg bisher etwas war, was zwar Menschenopfer und auch materielle Opfer verlangte, aber weit weg vom Alltagsleben stattfand. Daß dieser Krieg alles ändern sollte, ahnten damals nur wenige. Gustav ganz sicher nicht. Er ahnte etwas anderes, was bewies, daß er die Qualitäten zu einem Unternehmer hatte. Ein Krieg konnte sicher der Firma neue Umsätze bringen. Aber würde es sie nicht vor große Probleme stellen, wenn man sich nach dem Krieg wieder auf die normale Produktion umstellen müßte?

Diese Frage stellte Gustav sich selber und auch der Firmenleitung. Doch die Vernunft ging auf keinen Fall soweit, daß er in seinem Engagement für das Land und den geliebten Kaiser auch nur ein bißchen ins Wanken geraten wäre. Vom ersten Tag an erfüllte Gustav alle Wünsche, die kriegsbedingt an Krupp gestellt wurden. Aus den Wünschen wurden Probleme, die man bisher nicht gekannt hatte. Als bald klar wurde, daß die Illusion vom schnellen Sieg wie eine Seifenblase platzte, mußte man unverzüglich neue Waffen entwickeln, um damit eine Kriegswende herbeizuführen. Das war aber eine Bagatelle gegenüber den organisatorischen und personellen Problemen, die für Krupp in den folgenden vier Jahren zu bewältigen waren. Immer mehr angelernte Arbeiter mußten ins Feld, und gleichzeitig benötigte man weit mehr Arbeiter. Bis zum Jahr 1918 stieg die Belegschaft auf die bis dahin unvorstellbare Zahl von mehr als hunderttausend. Doch es waren nicht angelernte Arbeiter, sondern vor allem schnell angeworbene Saisonkräfte aus dem Ausland und umgeschulte Frauen, die hier zum ersten Mal die Männer in der Industrie ersetzen mußten. Es fehlte an allem: Wohnraum war kaum vorhanden, Essen mußte herbeigeschafft werden, und bei der Arbeit gab es jede Menge

1913

Der amerikanische Unternehmer und Autohersteller Henry Ford führt in seiner Fabrik das Fließband ein. Er revolutioniert damit die industriellen Herstellungstechniken und wird für lange Zeit Marktführer.

Der Wunsch, ein Krupp zu werden: Bertha Krupp und Gustav
Krupp von Bohlen und Halbach

Probleme. Kein Wunder, daß Gustav den Krieg nicht als
den Segen empfand, wie es ihm und anderen Waffenfa-
brikanten nachgesagt wurde. Zumal sich seine erste
Befürchtung voll bewahrheitete. Zum Schluß des Krieges machte der Waffenbereich mehr als 80 Prozent des
gesamten Umsatzes aus, gegenüber den in Friedenszei-
ten üblichen 30 Prozent. Wie sollte man da wieder zur
Normalität zurückkehren, auch wenn man finanziell
eine Menge Rücklagen im Laufe der vier Kriegsjahre
ansammeln konnte.

Was wirklich passierte, das konnte Gustav nicht einmal
ahnen.

Am 8. November 1918 kapituliert Deutschland. Der
Krieg ist aus. Deutschland ist am Ende. Aber nicht so
am Ende, daß es nicht noch eine arbeitende Verwaltung
in Berlin gäbe. Die schickt eine Nachricht nach Essen,
daß alle erteilten Aufträge des Reiches hiermit storniert
seien. Wie soll Gustav Krupp von Bohlen und Halbach

Der Stahl bleibt das Herz der Firma: Werkshalle der Firma
Fried. Krupp

reagieren? Er macht etwas, was eigentlich unglaublich
ist. Er gibt Anweisung, das gesamte Werk stillzulegen.
Am 9. November 1918 stellen mehr als hunderttausend
Mitarbeiter ihre Arbeit ein. Eine gespenstische Ruhe
herrscht über der Zentrale in Essen, wo bisher seit über
hundert Jahren keinen Tag die Maschinen still standen.
Aus Berlin erfolgt noch der Hinweis, die Arbeiter irgend-
wie weiterzubeschäftigen. Aber womit und vor allem
wovon soll man sie bezahlen? Hier erweist sich Gustav
erneut als Unternehmer. Er bietet vor allem den auswär-
tigen Arbeitern eine Abfindung von zwei Wochenlöh-
nen und eine Fahrkarte in ihre Heimat an. Rund 50.000
machen von dem Angebot Gebrauch. Es reicht nicht.
Massenentlassungen müssen vorgenommen werden,
nur die Alt-Kruppianer, die bereits vor Ausbruch des
Krieges in der Firma waren, dürfen bleiben.
Die Rückkehr zu alten Friedensproduktionen ist nicht
einfach. Die Firma steckt in der größten Krise, die sie je

gehabt hat. Doch Gustav und seine Frau wollen sie retten. Da hat Gustav eine Idee, die aus einem modernen Management-Lehrbuch stammen könnte. Die Belegschaft wird offiziell aufgefordert, sich Gedanken über eine Friedensproduktion zu machen. Ausdrücklich wird dazu angehalten, auch das vermeintlich Unsinnige zu präsentieren. Die Vorschläge reichen von Zahnprothesen aus Stahl bis zu Kinoprojektoren, von Milchkannen bis zu chirurgischen Instrumenten, kurz allem, was man mit Stahl herstellen könnte. Und das, was man heute modern als Diversifikation bezeichnet, gelang, zumindest so, daß die Firma weiterleben konnte.

Märtyrer für die Firma: Trauerzug für die beim Ruhrkampf erschossenen Krupp-Arbeiter

Der wichtigste Bereich wurde wieder die Eisenbahn, mit der der erste Aufschwung der Firma Mitte des 19. Jahrhunderts ja begonnen hatte. Nun werden nicht nur Eisenbahnschienen hergestellt, Krupp wagt sich auch an die Entwicklung und Montage von Lokomotiven und Waggons. Lastwagen werden gebaut, wobei sich hier die frühe Zusammenarbeit mit Rudolf Diesel zu Beginn des Jahrhunderts als lohnend herausstellt. Bei allen Schwierigkeiten der Umstellung und den hohen Verlusten, die aus den Rücklagen finanziert werden, besteht Gustav darauf, daß eine kleine Abteilung für Waffentechnik aufrecht erhalten bleibt, auch wenn einige Direktoren dagegen sind. Selbst die sozialdemokratische Regierung hatte signalisiert, daß man als Staat nicht ganz auf Waffen verzichten könnte. Doch die einst alles bestimmende Produktion macht 1923 nicht einmal ein Prozent des Gesamtumsatzes aus.

In Essen hat man das Gefühl, es geht wieder aufwärts.

1923

Adolf Hitler erklärt die Regierungen in Berlin und Bayern für abgesetzt und marschiert mit seinen Getreuen vom Bürgerbräukeller in Haidhausen zur Feldherrnhalle. Dort endet der Putsch kläglich.

Doch das ist eine Illusion. 1923 beklagt Frankreich, daß Deutschland nicht die vereinbarten Reparationszahlungen geleistet habe. Französische Truppen besetzen das Rheinland, eine Aktion, die viele Deutsche als Schmach empfinden. Die Truppen kommen nach Essen, um sich auch bei Krupp das ihnen Zugesprochene zu holen. Sie marschieren am 31. März, dem Karsamstag, in die Wagenhalle, um die Fahrzeuge der Firma Krupp zu beschlagnahmen. Durch Mundpropaganda kommen Tausende von Arbeitern, um das Ansinnen zu vereiteln. Die Stimmung eskaliert, der französische Offizier verliert die Nerven und läßt in die

Menge schießen. Das Ende: 13 Krupp-Arbeiter sind tot, weitere 15 verletzt. Auch wenn die Weltmeinung einhellig das Vorgehen der Soldaten verurteilt, beharrt Frankreich auf seiner Position. Einen Tag später werden drei Krupp-Direktoren verhaftet. Fünf Wochen später wird auch Gustav Krupp in Haft genommen. Der Vorwurf: Sie hätten die Situation angeheizt und damit die französischen Soldaten gezwungen, in Notwehr zu reagieren.

Gustav wird zu 15 Jahren Haft verurteilt, von denen er sieben Monate absitzen muß. Für den Überkorrekten muß es eine Leidenszeit von großem Ausmaß gewesen sein, doch nach der Entlassung verspürt er etwas, was er bisher nicht kannte. Die Kruppianer huldigen ihm und preisen seine tadellose Haltung. Er selbst hat das Gefühl, wie ein Familienmitglied später weitergibt, endlich selbst ein Kruppianer zu sein.

Die Inflationszeit

Die Ruhrgebietsbesetzung sollte nicht die einzige Herausforderung in diesen Jahren bleiben. Die Inflation in Deutschland brachte der Wirtschaft enorme Probleme, die etwas auslösten, was den heutigen Menschen sehr vertraut klingen muß: Überall wurde rationalisiert, um Kosten einzusparen, und überall wurden Fusionen eingegangen, um im Verbund den Risiken des Marktes zu begegnen. Auch Krupp wollte und mußte sparen. Allein die Gußstahlfabrik machte jeden Monat einen Verlust von fast zwei Millionen Mark, nicht Inflationsmark, sondern nach dem alten Geldwert gerechnet. Gleichzeitig litten die Mitarbeiter unter der Inflation, die eine tägliche Gehaltsauszahlung notwendig machte, verlor das Geld doch schon auf dem Weg von der Fabrik bis zum Metzger oder Bäcker an Wert. Die soziale Vorreiterschaft Krupps wurde zwar auch in diesen schweren Zeiten beibehalten, etwa durch die Versorgung der Konsumläden mit importierten Lebensmitteln. Doch auch Krupp war darauf angewiesen, sich den Verhältnissen anzupassen. Was man auf keinen Fall wollte, war eine Fusion mit anderen Firmen. Gerade waren die Vereinigten Stahlwerke entstanden, ein Zusammenschluß der Großindustrie, aber Gustav war sich seiner Familientradition nun richtig bewußt und fuhr einen unabhängigen Kurs. Das war nicht ohne Einschnitte und Entlassungen möglich. Von den über 150.000 Mitarbeitern, die bei Krupp Ende des Weltkrieges beschäftigt waren, war nur noch weniger als ein Drittel übriggeblieben. In Essen selbst fanden nur noch rund 20.000 Mitarbeiter Lohn und Brot. Das war kein Wunder, denn die Rüstungsindustrie war so gut wie ganz weggebrochen. Überleben konnte man nur mit den neuen Produkten und mit neuer Technik und Erfindungen. Man schuf ein neues Hartmetall, dem man sinnigerweise die Bezeichnung „Widia" gab, das lautmalerisch nach „wie Diamant" klingen sollte, eine Werbetechnik, die später bei Marken wie „Rama", „Sanella" oder „Wileda" erfolgreich angewandt wurde.

1925

Zwei der berühmtesten Filmwerke entstehen: Charlie Chaplin begründet mit „Goldrausch" seine Karriere, der Russe Sergej Eisenstein schreibt mit „Panzerkreuzer Potemkin" Filmgeschichte.

Ähnlich schuf man den Namen „Nirosta" für den nichtrostenden Stahl. Nirosta ermöglichte übrigens wieder etwas, was man in den Anfangsjahren der Firma erfolgreich produziert hatte: Eßbestecke. Auch für den Bau war Nirosta wunderbar geeignet. Was heute kaum noch jemand weiß: Eines der markantesten Gebäude der Welt, der 1929 gebaute Wolkenkratzer des Chrysler Building in New York, wurde mit Nirosta-Stahlplatten verkleidet, die noch heute im Sonnenlicht strahlen und das Denkmal der Art-deco-Achitektur zum Wahrzeichen New Yorks neben dem Empire State Building gemacht haben.

Doch es fehlte die Waffenindustrie. Gustav Krupps Charakter entsprach es, sich an die Gesetze und Verträge zu halten. Auch wenn er, wie Millionen andere Deutsche, den Versailler Vertrag weniger als Vertrag, denn als Schande für das Land ansah, wollte er nicht gegen die Auflagen verstoßen, die eine Waffenproduktion in Deutschland untersagte. Selbst einen – heimlich gemachten – Vorschlag der Reichsregierung, in den Magdeburger Grison Werken wieder Waffen herzustellen, lehnte er ab. Er ließ sich dann doch noch auf einen Kompromiß ein, nachdem ja die Reichswehr inzwischen auch geheime Übungen in der Weite der Sowjetunion abhielt. Er ließ

Krupp-Glanz für die neue Welt: das 1929 erbaute Chrysler Building in New York

in ausländischen Niederlassungen wieder an alten Waffen arbeiten und neue erproben. Später, mitten im Zweiten Weltkrieg, rühmte er sich dessen, vermutlich nicht zuletzt, um den neuen Machthabern seinen Patriotismus zu beweisen.

Politisch war Gustav Krupp von Bohlen und Halbach durch das Kaiserreich geprägt, dem er ja einst als Diplomat gedient hatte. Dem Kaiser hielt er auch später die Treue und gratulierte ihm im holländischen Exil alljährlich zum Geburtstag. Die Demokratie von Weimar blieb ihm innerlich fremd, auch wenn er dem Staat und seinen Repräsentanten seinen Respekt erwies, selbst wenn diese wie Reichspräsident Ebert Sozialdemokraten waren.

Das änderte aber nichts daran, daß Krupp sich als erster Gastgeber für ein Geheimtreffen zur Verfügung stellte, mit dem eine Art Kartell wirtschaftlicher und politischer Macht der „Ruhrbarone" begründet werden sollte. Die Runde nannte sich selbst „Die Ruhrlade", und als nach und nach dieser Name durchsickerte, trug er dazu bei, den negativen Beigeschmack zu verstärken. Zunächst mag es mehr als wirtschaftliches Kartell gemeint gewesen sein, in dem die zwölf wichtigsten Ruhrindustriellen gemeinsame Tarif-Strategien und wirtschaftspolitische Entscheidungen vorbereiten wollten, aber es wurde auch sehr schnell eine Vereinigung, die ihre Macht nutzen wollte, um politischen Einfluß nehmen zu können.

Wie so häufig im Leben sollte dies zunächst nur über Geld geschehen. Die national-konservativen Parteien wurden ausgewählt und unterstützt, um damit vor allem ein Bollwerk gegen rechts und links zu schaffen. Die nahmen das Geld gerne und dankend an, wollten sich aber in ihre Politik selbst nur höchst ungern hineinreden lassen. So konnte es geschehen, daß sich Fritz Thyssen immer mehr durchsetzte, der von Anfang an auf die Unterstützung der Nationalsozialisten gesetzt hatte und deren großer Geldgeber gewesen war. Als Anfang der 30er Jahre die Probleme der rasch wechselnden Regierungen zunehmend größer wurden, gleichzeitig die Folgen der Weltwirtschaftskrise von 1929 immer deutlicher zutage traten, da schlossen sich mehr und mehr der Ruhrbarone ihrem Kollegen Thyssen in seiner Verachtung gegenüber den demokratischen Bemühungen der Weimarer Republik an. Bestätigt fühlten sie sich durch das Wahlergebnis vom September 1930, als die Nationalsozialisten erstmals mit mehr als hundert Abgeordneten ins Parlament einzogen.

Gustav Krupp wird im Herbst 1931 zum Vorsitzenden des Reichsverbands der Deutschen Industrie gewählt, was es für ihn noch schwieriger macht, seine bisher unabhängige Position zu halten. Die Industrie sieht mehrheitlich in den Nationalsozialisten die Rettung. Die Industrieführung lädt Adolf Hitler am 26. Januar 1932 in den Düsseldorfer Industrieclub ein, für viele das Signal eines Bündnisses mit denjenigen, die man vor noch nicht allzulanger Zeit als Rabauken abgelehnt hat. Doch Gustav Krupp nimmt an diesem Treffen nicht teil. Es ist bis heute nicht klar, ob das ein deutlicher Protest gewesen sein soll, oder nur die Unentschlossenheit kennzeichnet, mit der er auch in diesen Wochen den Reichsverband der Deutschen Industrie führte. So urteilt auch ein Vorstandskollege, der AEG-Chef Hermann Bücher, über Krupp, daß dieser in ruhigeren Zeiten ein guter Präsident geworden wäre, aber „den Verhältnissen, wie sie sich im Jahre 1932/33 ent-

1931

Am 11. Oktober 1931 treffen sich Vertreter der Nationalsozialistischen Partei, der Deutschnationalen und des Bundes der Frontsoldaten (Stahlhelm) und schließen das Bündnis „Harzburger Front".

wickelten, war er nicht gewachsen". Freilich gab es bei
der Industrie nicht nur den Wunsch nach einer stabile-
ren Regierung im Lande. Dafür hätte man Hitler gerne
akzeptiert. Doch man befürchtet, daß Deutschland
unter Hitler die Vormachtstellung im Export verlieren
könnte, weil Hitler im Ausland auf Grund seiner
aggressiven Töne, seiner antisemitischen Grundhal-
tung und seiner Kritik gegenüber ausländischen Regierungen äußerst kritisch gesehen wurde.

Marsch in die Diktatur

Bereits wenige Tage nach der endgültigen Machtergrei-
fung Hitlers werden alle bis dahin angestellten takti-
schen Überlegungen über den Haufen geworfen. Her-
ausragendes Beispiel ist dafür Gustav Krupp selber. Am
20. Februar ist er es, der den Dank aller Anwesenden
formuliert, als sich die Wirtschaft zum ersten Mal offiziell mit dem neuen Reichskanzler trifft. Im Gegensatz
zu anderen Industrieführern protestiert er nicht, als am
1. April – während sich die Spitze des Industriever-
bands zu einem zweiten Treffen bei Hitler einfindet –
NS-Mitglieder in die Zentrale des Verbandes marschieren und den Rausschmiß von jüdischen oder sonst miß-
liebigen Mitarbeitern verlangen.
Gustav Krupp hat sich – wie seine Vorgänger – mit der
Macht arrangiert, als sie ihre Zähne zeigt. Vielleicht
ahnt er, wie wichtig seine Firma für die neuen Machthaber ist, die sich für alle Schmach der vergangenen
Jahre rächen wollen. Dazu brauchen sie eine prosperie-

Ein Staatsbesuch schließt Krupp ein:
Gustav Krupp empfängt den ungarischen
Reichsverweser Admiral von Horthy,
der von Hitler nach Essen begleitet wird

rende Wirtschaft, und dazu brauchen sie Waffen. Beides möchte Gustav Krupp sicherstellen, denn beides dient der Firma.

Die Rechnung geht auf: Innerhalb von zwei Jahren – von 1932 bis 1934 – verdoppelt sich die Stahlproduktion. Der Umsatz steigt auf beachtliche 500 Millionen Reichsmark, und es wird endlich wieder ein Gewinn erwirtschaftet.

Dazu kommt, daß Hitler eine große Zuneigung zu Krupp hat. Nicht unbedingt zur Person Gustavs, aber zur Firma. Sie ist für Hitler das Sinnbild der deutschen Industrie, und später kommt es ja nicht von ungefähr, daß in einem der berühmtesten Sätze Hitlers die deutsche Jugend aufgefordert wird, „flink wie die Windhunde, zäh wie Leder und hart wie Kruppstahl" zu sein. Eine weltweite Werbung für ein Produkt, die man mit Geld gar nicht aufwiegen konnte – zumindest solange Hitler an der Macht war. Später war es eher ein Beweis für die Krupp-Gegner, wie stark Krupp mit den Nazis verbunden war.

1935

Der Berliner Ingenieur Konrad Zuse baut in Berlin eine Rechenmaschine, die mit Hilfe von Lochstreifen arbeitet. Der Computer ist erfunden. Das erste funktionierende Gerät hat etwa Zimmergröße.

Die Zuneigung stößt nicht auf uneingeschränkte Gegenliebe. Vor allem Bertha mag sich mit Hitler nicht so recht anfreunden. Im Laufe der Jahre ist sie immer standesbewußter geworden, und nicht zuletzt der adelige Zusatz zum eigenen Namen gefällt ihr sehr. Die Nazis allgemein sind ihr zu proletenhaft, und Hitler hat nicht die Ausstrahlung, die sie sich von einem Mächtigen erwünscht. Doch findet auch Hitler seinen Weg nach Essen. 1936 wird ein groß angelegter Besuch abgestattet, bei dem Hitler vor den Werksangehörigen spricht. Das Ganze ist eine Inszenierung erster Güte. Die Firma Krupp wird sozusagen von Hitler in den Adelsstand erhoben. Diese bevorzugte Behandlung spiegelt sich nun im Werk wider. Die Werkszeitschrift druckt eine Lobeshymne nach der anderen, auch aus der Feder von Gustav persönlich. Sie klingen keineswegs so, als ob man eine lästige Pflicht erfüllt, um sich den Verhältnissen anzupassen und sonst nach Möglichkeit nicht aufzufallen. Sie huldigen dem Führer in jeder erdenklichen Form.

Nur in einem bleibt Gustav immer auf Distanz. Antisemitismus ist ihm fremd, und offensichtlich duldet er ihn auch nicht in seiner Umgebung. Im Gegenteil setzt er sich für die jüdischen Mitarbeiter zumindest in den Führungsetagen ein und erinnert noch an ihre Verdienste, als es öffentlich nicht mehr opportun ist, solches verlauten zu lassen.

Vielleicht trägt dieses dazu bei, daß eine Befürchtung aus der Vor-Hitler-Zeit nicht eintrifft: Einbußen beim Export. Krupp blüht in den 30er Jahren im Export geradezu auf, nicht zuletzt weil sich jetzt die Notlösungen der 20er Jahre als gewinnbringend erweisen. So genießt die Lokomotiv-Fertigung, die einst die Waffenproduktion ersetzen mußte, einen weltweit guten Ruf. In zahlreiche Länder werden Lokomotiven aus Essen geliefert. Gerade zu dieser Zeit bauen viele kleinere Länder, die vor der Industrialisierung stehen, Verkehrswege, und kein Land ist entfernt genug, als daß nicht ein Krupp-Verkäufer den Weg dorthin fände. Es ist fast wie im vorigen Jahrhundert, als die Schienen und Radreifen für den Eisenbahnbau den ersten Exportboom ausgelöst hatten. Die Jahre von 1933 bis 1939 sind – wie fast überall in Deutschland – prosperierende Jahre. Am Ende diese

Erfreuter Reichsmarschall: Zu Görings Geburtstag macht auch Alfried Krupp seine Aufwartung (2.v.r.)

Zeitraums arbeiten wieder 125.000 Menschen für Krupp, und auch die alten Sozialleistungen sind wieder möglich, vom Wohnungsbau für die Mitarbeiter bis zur vorbildlichen gesundheitlichen Versorgung. Und so ist es kein Wunder, daß auch in Essen das eintritt, was Sebastian Haffner in seinem Buch *Anmerkungen zu Hitler* so deutlich geschrieben hat. Die große Mehrheit der Bevölkerung verlor ihre Zweifel an Hitler und genoß den materiellen Aufstieg, der in nur sechs Jahren geschafft worden war. Da fiel es leicht, vor den Untaten der Nazischergen und den Greueln der Judenverfolgungen die Augen zu schließen. Vor einem Krieg hatten nicht gerade viele Angst. Selbst die, die ihn fürchteten, glaubten, daß Deutschland wieder hoch genug gerüstet war, um ihn zu gewinnen.

Dazu konnte Krupp wieder viel beitragen. Wenngleich die Waffenproduktion nie mehr den großen Anteil erreichen sollte, wie vor dem 1. Weltkrieg, so zahlte sich doch aus, daß Gustav während der Weimarer Republik sie nicht ganz aus dem Auge verloren hatte. Er brüstete sich 1942 damit, daß manche Zivilproduktion damals insgeheim dazu gedient habe, den technischen Entwicklungsanschluß bei den Waffen nicht zu verlie-

Jubel für den Führer: Adolf Hitler besucht 1940 die geliebte und so benötigte Waffenschmiede Krupp

ren. Dazu kamen neue Bereiche, die man friedlich, aber auch zu Kriegszwecken benutzen konnte, wie etwa den Schiffsbau. Im übrigen war in der nun zum Konzern gehörenden Germania-Werft bereits 1906 das erste deutsche Unterseeboot vom Stapel gelaufen. Und Unterseeboote waren von Hitler eine besonders geliebte und bevorzugte Waffe.

So nahm Gustav gerne wieder das Wort auf, daß Krupp die „Waffenschmiede des Reiches" sei. Ein solches Wort verdeckte die Wirklichkeit, denn tatsächlich war man im Berliner Rüstungsministerium gar nicht so glücklich mit den Waffenlieferanten aus Essen. Die Rüstungsminister Fritz Todt und Albert Speer, der 1942 nach dem Tode Todts folgte, sahen mit Mißfallen, daß Krupp die Zuneigung Hitlers zur Firma eine gewisse Unabhängigkeit einbrachte, so daß die Firma schwerer in das zentralistisch ausgerichtete System der Waffenproduktion einzugliedern war als alle anderen.

1942

Auf der Wannseekonferenz treffen auf Einladung der SS-Führung Vertreter der wichtigsten Staats- und Parteiorganisationen zusammen, um die „Endlösung" der Judenfrage organisatorisch vorzubereiten.

Das änderte nichts daran, daß man allen Anforderungen aus Berlin, vor allem denen, an denen Hitler persönlich liegt, bereitwillig nachfolgte. Das führte auch zu gigantischen Fehlentwicklungen. Krupp entwickelte und baute die größte Kanone der Welt, diese erhält wieder einen Frauennamen: „Dora". Das Rohr hatte eine Länge von 40 Metern, und das Kaliber betrug 80 Zentimeter. Hitlers Vorstellung war, damit von deutschem Boden aus die Festung Sewastopol am Schwarzen Meer zu beschießen. Der Transport gestaltet sich schwierig. Die Kanone ist nur auf einem Podest zu transportieren, das zwei nebeneinanderliegende Gleise benötigt, deren Abstand gleich bleibt. Allein dadurch ist die Beweglichkeit der Kanone so eingeschränkt, daß sie praktisch nicht zum Einsatz kommt. Eine herbe Enttäuschung für den Waffennarren Hitler.

Eine neue Generation

Bereits zu Beginn des Krieges ist Gustav Krupp von Bohlen und Halbach fast 70 Jahre alt. Der Gedanke, die Nachfolgeregelung vorzubereiten, wird aber zunächst vertagt. Da ihm das Alter und Krankheit zunehmend zu schaffen machen, überlegt er gemeinsam mit Bertha, wie die Übergabe der Firma vonstatten gehen kann. Bertha ist zu diesem Zeitpunkt alleinige Aktionärin, hat aber sechs erbberechtigte Kinder. Die Verfügung von Alfred Krupp, die Firma immer nur einem zu überlassen, ist nur schwer zu verwirklichen, da die einstige kaiserliche Anordnung dazu nicht mehr gilt. Da fügt es sich, daß es das „Reichshofgesetz" gibt. Es sorgt dafür, daß Bauernhöfe durch eine alleinige Erbfolge gesichert werden sollen. Gustav möchte gerne, daß die Firma Krupp als eine Art „industrieller Erbhof" angesehen wird und somit diese Regelung anwenden kann. Hitler erklärt sich damit einverstanden, so daß Ende Dezember 1943 die Firma Krupp von einer Aktiengesellschaft

Räder rollen für den Sieg: Die Firma Fried. Krupp versorgt das kriegsführende Deutschland mit schweren Feldgeschützen

wieder in eine Einzelfirma zurückverwandelt wird. Alfried, der älteste Sohn von Gustav und Bertha, wird alleiniger Inhaber und darf sich nach der früheren Verfügung ebenfalls Alfried Krupp von Bohlen und Halbach nennen.

Dabei ist nicht ganz sicher, ob Gustav und Bertha auf jeden Fall ihren ältesten Sohn zum Nachfolger machen wollten. Ihr zweites Kind Claus schien durchaus in ihrer Gunst um die Nachfolge höher zu stehen. Er hatte bereits 1938 mit nur 28 Jahren die Leitung der österreichischen Tochterfirma Berondorfer Metallwarenfabrik übernommen. Die Firma war kurz zuvor vom Konzern übernommen worden, nachdem sie knapp hundert Jahre früher von Alfred Krupp seinem Bruder Hermann als eine Art Abfindung übertragen worden war. Aber bereits in den ersten Kriegsmonaten stürzt Claus als Flieger der Luftwaffe über der Eifel ab und stirbt.

Auch Alfried hatte schon früh – nach einer vom Vater überwachten äußerst harten und disziplinierten Ausbildung – 1936 Führungspositionen übernommen. Mit 36 Jahren steht er nun an der Spitze eines Konzerns, dessen Aussichten genauso schlecht sind wie die seines Landes. Die Siege der Wehrmacht sind längst vorbei. Stalingrad hat die Wende des Krieges gebracht. Im Osten sind die Truppen bereits auf dem Rückzug. Vom Westen überzieht ein gnadenloser Luftkrieg das Land. Die euphorische Kriegsbegeisterung der Deutschen ist Angst und Resignation gewichen. Hitler treibt die Rüstungsindustrie zu immer neuen Rekor-

1943

Am 2. Februar kapituliert General Paulus in Stalingrad. 130.000 deutsche Soldaten geraten in Gefangenschaft. Die verordnete dreitägige Trauer markiert auch in der Heimat die Wende des Krieges.

den, um doch noch die Wende zu schaffen. Wer einigermaßen denken kann, weiß, daß eine Wende nicht mehr zu schaffen ist. Dies auszusprechen kommt aber einem Todesurteil gleich.

Essen ist besonders betroffen von allem. Das verdankt die Stadt der Firma, die sie mehr als ein Jahrhundert nicht nur geprägt, sondern auch ernährt und gefördert hat, der sie eigentlich ihre Existenz als Großstadt verdankt. Essen wird zu einem Hauptziel der alliierten Luftangriffe. Zum einen werden die Werksanlagen unaufhörlich bombardiert, um den Nachschub der Waffen für die deutschen Truppen zu unterbinden. Essen ist aber auch eines der ersten Ziele, wo Wohngebiete miteinbezogen werden. Wo Arbeiter und ihre Familien zu Opfern werden, kann auch nicht mehr so effektiv gearbeitet werden, ist die zynische Rechnung der Strategen der alliierten Seite.

Für den neuen Firmenchef ist dies nicht gerade eine verlockende Perspektive. Auch persönlich fühlt er sich sehr schnell isoliert. Die große Familie, die bei aller Strenge des Vaters doch einen Hort geboten hatte, ist nicht mehr präsent. Die Eltern haben sich auf ein Gut in Österreich zurückgezogen, nicht zuletzt, um den Luftangriffen zu entgehen, ein Bruder ist gefallen, die drei anderen leisten Kriegsdienst, und die Schwestern haben geheiratet und leben längst woanders. Die eigene Ehe, die Alfried 1937 eingegangen war, ist gescheitert. Gescheitert vor allem am erbitterten Widerstand des Vaters, der die Braut des Sohnes nie akzeptierte. Offensichtlich konnte Alfried dem Druck des Vaters nicht länger standhalten und ließ sich 1941 scheiden. Aus der Ehe war allerdings ein einziger Sohn hervorge-

Bomben auf das Rüstungsherz des Feindes: das Werksgelände der Firma Krupp am Ende des Krieges

gangen, der 1938 geborene Arndt, der zu diesem Zeitpunkt bei der Mutter lebte und mit dem die Dynastie der Krupps rund zwanzig Jahre später zu Ende ging.

Das waren die durch und durch unerfreulichen Bedingungen, unter denen Alfried das Erbe antrat.

Alfried wußte, welche Erwartungen man an ihn hatte, und so kann man vermuten, daß er mit aller Macht versuchte, die Firma durch diese Zeiten zu führen. Es ist schwer vorstellbar, daß er zu diesem Zeitpunkt moralische Skrupel bekam, als er etwas tat, was die meisten anderen Firmen auch ohne Skrupel als selbstverständlich ansahen: den Einsatz von Zwangsarbeitern und KZ-Häftlingen in der Produktion. Trotzdem muß man feststellen, daß dieser zynische Einsatz der Gefangenen nicht zwangsläufig war. Auch gibt es heute noch den einen oder anderen KZ-Häftling, der bekennt, daß ihm der Arbeitseinsatz vielleicht sogar das Leben gerettet habe. Aber dennoch: Ohne die Mitwirkung der Firmen hätte es nie das Wort von der „Vernichtung durch Arbeit" geben können. Die Lage der Arbeiter und Arbeiterinnen wurde um so unerträglicher, je näher das Ende des Krieges kam. Als Beispiel für Krupp gilt das Barackenlager an der Humboldtstraße, in dem seit dem Sommer 1944 mehr als fünfhundert jüdische Frauen aus Ungarn inhaftiert waren. Dieses Lager wurde auch im Krupp-Prozeß als Punkt der Anklage herangezogen. Vor allem, als das Lager durch Bombenangriffe im Herbst 1944 weitgehend vernichtet wurde, mußten die Frauen den Winter unter den erbärmlichsten Bedingungen verbringen. Viele starben in dieser Zeit, ohne daß irgendwelche Maßnahmen zur Hilfe ergriffen worden wären. Alfried Krupp war offensichtlich – wie viele andere – zu schwach, um irgend etwas dagegen zu unternehmen. Das ist umso erstaunlicher, als nach dem gescheiterten Hitler-Attentat vom 20. Juli 1944 seine eigene Familie von Hitlers rücksichtslosem Fanatismus betroffen war. Bei der großen Säuberungsaktion nach dem Attentat wurde auch Alfrieds Onkel Tilo von Wilmowsky verhaftet, weil er engen Kontakt zu dem Leipziger Oberbürgermeister und Widerstandskämpfer Carl Goerdeler hatte. Goerdeler war zuvor sogar für eine Direktorenposition bei Krupp vorgesehen gewesen, aber vom Rüstungsministerium in Berlin dafür nicht akzeptiert worden. Wilmowsky kam in das KZ Sachsenhausen, und nur mit viel Glück konnte er dort überleben und nach der Kapitulation Deutschlands befreit werden.

Die Dankbarkeit für die Befreiung aus dem KZ durch die Alliierten konnte bei Wilmowsky die Familienloyalität ebenso wenig einschränken, wie die Tatsache, daß seine Ehefrau Barbara, die Schwester von Bertha Krupp, in der Erbfolge leer ausgegangen war. Wilmowsky war es, der in den 50er Jahren ein Buch unter dem Titel *Warum wurde Krupp verurteilt?* schrieb, in dem er voller Empörung mit der „Siegerjustiz" abrechnete, die seinen Neffen zu einer langjährigen Haftstrafe verurteilte.

Die Anklage und der Prozeß

Für Alfried Krupp ist der Krieg am 11. April 1945 zu Ende. Ein amerikanischer Hauptmann hat den Auftrag, Alfried Krupp von Bohlen und Halbach festzunehmen. Der erwartet die Verhaftung bereits; das Bild der Verhaftung geht um die Welt. Alfried, der so lange gegen seinen Vater ankämpfen mußte, den viele unterschätzt haben, zeigt in diesem Moment Größe und Würde, insbesondere wenn man es mit den Bildern von anderen Verhaftungen von Potentaten des Dritten Reichs vergleicht. Viele von ihnen wurden innerhalb eines Momentes von protzenden und kraftstrotzenden Herrschsüchtigen zu bibbernden Feiglingen. Dabei ist eines sicher: Alfried Krupp ist der falsche Angeklagte, wenn man ihn, wie es die Amerikaner wünschen, als Führer der Industrie sehen will, der Hitler den Krieg und all seine Untaten ermöglicht hat. Der amerikanische Hauptankläger in Nürnberg, Robert Jackson, will aber einen Krupp sogar im Hauptprozeß der Kriegsverbre-

cher auf der Anklagebank sitzen sehen, also neben
Männern wie Hitlers Paladin Hermann Göring, wie
dem Chef des Reichssicherheitshauptamtes Kalten-
brunner, oder dem Verantwortlichen für den Zwangs-
arbeitereinsatz Fritz Sauckel oder dem Antisemitis-
mus-Demagogen Julius Streicher.

Jacksons Begründung: „Krupp ist der Brennpunkt, das
Symbol und der Nutznießer der unheilvollen Kräfte,
die den Frieden Europas bedrohten." Die Geschichtsin-
terpretation geht noch weiter. Ohne Krupp wäre Hitler
und sein verbrecherisches Regime gar nicht möglich
gewesen. In diesem Moment rächt sich sicher, daß
Alfrieds Vorfahren einst stolz auf die Bezeichnung
„Kanonenkönig" gewesen waren und allen Ehrgeiz
daran gesetzt hatten, daß die jeweiligen Machthaber
ihren Besuch in der Villa Hügel wie einen Staatsakt
zelebrieren sollten.

1947

*Der amerikanische Außen-
minister George Marshall
legt einen Plan zur wirt-
schaftlichen Hilfe Europas
vor. Der Marshall-Plan
ermöglicht Deutschland
den wirtschaftlichen
Wiederaufstieg.*

Daß Alfried dann doch nicht im Nürnberger Hauptprozeß zum Angeklagten wurde, verdankt
er einem Mißverständnis. Man hatte
zwar Alfried verhaftet, aber die Amerikaner bereiteten ihr Anklagematerial in
erste Linie gegen dessen Vater Gustav
vor. Der lag vernehmungs- und verhand-
lungsunfähig in Österreich darnieder.
Jackson wollte dann stellvertretend für
ihn Alfried auf die Anklagebank setzen, stieß damit
jedoch vor allem bei den Engländern auf erbitterten
Widerstand. Sie sahen bei einem reinen Austausch der
Personen die Glaubwürdigkeit des ganzen Prozesses
gefährdet, zumal gegen Alfried auch noch nicht genug
Anklagematerial zusammengestellt war. Hätten sich

die englischen Anklagevertreter nicht durchgesetzt, sondern die Amerikaner, hätte Alfried Krupp zweifellos schlechte Chancen gehabt. Vermutlich wäre er zu einer längeren Haftstrafe verurteilt worden, die wohl kaum – wie in allen anderen Fällen auch – mit einer vorzeitigen Begnadigung beendet worden wäre, da der Kalte Krieg die dafür notwendige Einstimmigkeit der vier Siegermächte ja schon Wochen nach dem Nürnberger Prozeß zunichte gemacht hatte. Alle Nürnberger Angeklagten mußten daher – soweit sie zu Gefängnis verurteilt worden waren – ihre Haftstrafen bis zum letzten Tag absitzen.

Zähneknirschend mußten die Amerikaner nun darauf verzichten, einen Vertreter der Industrie im Hauptprozeß zu präsentieren. Mit umso größerer Zähigkeit betrieben sie allerdings das Einzelverfahren gegen Alfried Krupp.

Der Prozeß

Auch wenn es der ganze Ehrgeiz der amerikanischen Ankläger war, einen Krupp auf die Anklagebank zu bringen, dauerte es zweieinhalb Jahre, bis das Verfahren gegen Alfried Krupp von Bohlen und Halbach und elf Mitglieder seines Direktoriums am 17. November 1947 eröffnet wurde. Zwar findet der Prozeß in Nürnberg statt und noch dazu in dem selben Saal, in dem gegen die Hauptkriegsverbrecher verhandelt wurde, doch gehören zu diesem Zeitpunkt die großen Nürnberger Prozesse bereits der Vergangenheit an. Die Einheit der Siegermächte ist zerbrochen, und der Kalte Krieg hat begonnen. Es scheint so, daß der Krupp-Prozeß das letzte Prestigeprojekt der Amerikaner ist, die schreckliche Vergangenheit des Dritten Reichs noch einmal aufzubereiten, bevor man die Deutschen – oder besser gesagt: die Westdeutschen – in den Kreis der Verbündeten im neuen Kampf gegen den Kommunismus wieder aufnimmt. Der Prozeß ist so schlecht vorbereitet, daß auch ein Krupp-Direktor angeklagt ist, der das letzte Kriegsjahr in Gestapohaft zugebracht hatte. Ewald Löser war bereits 1943 aus der Leitung des Konzerns ausgeschieden und hatte danach engen Kontakt zum Leipziger Oberbürgermeister Carl Goerdeler, der nach dem 20. Juli als Verschwörer hingerichtet worden war. Von Anfang an steht so der Prozeß unter einem schlechten Stern. Die Richter stammen aus der amerikanischen Provinz und hatten mit einer vergleichbaren Materie noch nie zu tun. Ständig kommt es zu Zusammenstößen zwischen dem Gericht und den deutschen Verteidigern.

Die Anklage beruht auf vier Punkten. Zwei von ihnen werden allerdings schnell fallengelassen: Verschwörung gegen den Frieden und Vorbereitung eines Angriffskrieges. Das Gericht sieht hier keine Einflußmöglichkeit auf Hitler durch einen privaten Betrieb. Es bleiben die Punkte der Ausbeutung und Annektierung von fremdem Eigentum und die tatsächlich gravierende Frage der Beschäftigung der Zwangsarbeiter als Verstoß gegen die Menschlichkeit.

Der Prozeß zieht sich hin, die Animositäten nehmen auf beiden Seiten zu. Am letzten Tag der Beweisaufnahme präsentiert die Anklage einen weiteren deutschen Zeugen. Er heißt Karl-Otto Saur und ist für Alfried Krupp kein Unbekannter*: Saur war der Amtschef im Rüstungsministerium und einer der engsten Mitarbeiter von Albert Speer; er besaß das volle Vertrauen Hitlers. Er war es, der in erster Linie das Ministerium gegenüber der Industrie vertrat und ständig neue Leistungen forderte, um dem Rüstungswahn Hitlers gerecht zu werden. Er war es auch, der Hitler bei fast allen seinen Besuchen in Essen begleitete. Zur Überraschung aller tritt Saur nun als Zeuge der Anklage hervor. Seine Aussage führt im wesentlichen zur harten Verurteilung von Krupp, so daß sich Tilo von Wilmowsky in seinem Buch über den Prozeß wütend über ihn ausläßt. Seiner Meinung nach hätte Saur vor Gericht gehört und nicht sein – Wilmowskys – Neffe und die übrigen Krupp-Direktoren.

Tatsache war, daß die Amerikaner lange überlegt hatten, auch Saur den Prozeß zu machen. Bis sie ihm anboten, sich im Krupp-Verfahren als Zeuge der Anklage zur Verfügung zu stellen, um diesen in der Öffentlichkeit so sehr viel plakativeren Namen nutzen zu können. Saur wurde unmittelbar nach dem Prozeß aus der amerikanischen Gefangenschaft entlassen und erhielt in seinem nach dem Prozeß stattfindenden Spruchkammer-Verfahren die besonders milde Beurteilung als Mitläufer. Die deutsche Industrie hat ihm allerdings sein opportunistisches Verhalten nicht verziehen; er übte nie mehr eine Funktion in der Industrie aus. Auch Aufträge für sein später betriebenes Ingenieurbüro blieben von Seiten der Industrie weitgehend aus.

So endet der Krupp-Prozeß mit einer Verurteilung von Alfried zu zwölf Jahren Haft, einer der Direktoren wird

---

* Es handelt sich um den Vater des Verfassers dieses Buches.

Aus den Resten wieder etwas aufbauen: Arbeiter schaffen
1947 aus den Ruinen wieder Fabrikhallen

freigesprochen, die anderen erhalten Haftstrafen zwischen drei und zwölf Jahren. Ist dies schon mehr als drei Jahre nach dem Krieg im Vergleich zu anderen Verfahren ein besonders hartes Urteil, so folgt etwas, daß dieses Verfahren in der Geschichte der Nachkriegsjustiz einmalig macht. Krupp, dem Alleininhaber der Firma, wird das gesamte Vermögen entzogen. Es ist so, als ob das Gericht den Namen Krupp auslöschen möchte, damit dieses Sinnbild der deutschen Machtansprüche ein für allemal gestrichen ist.

Dabei ist das, was in Essen enteignet werden soll, nicht gerade das, was man sich unter einem soliden Industrieunternehmen vorstellen kann. Gleich nach dem Krieg versucht eine provisorische Geschäftsführung den Betrieb zu Teilen wenigstens aufrecht zu erhalten. Auch sind inzwischen genug Arbeiter aus dem Krieg zurückgekehrt, die hoffen, bei Krupp wieder ihren Lebensunterhalt verdienen zu können. Doch die ersten Demontagen durch die alliierten Kräfte schwächen das Werk über die immensen Bombenschäden aus dem Krieg hinaus noch weiter. Im Dezember 1948 – nach dem Urteil – gibt es einen Liquidationsplan. Um diese Zeit arbeiten für Krupp wieder 15.000 Menschen. 5000 von ihnen werden eingesetzt, die Demontagen vorzunehmen. Sie vernichten praktisch ihre eigenen Arbeitsplätze, so daß die Firma nicht einmal ihre dringendsten Verpflichtungen erfüllen kann, darunter die Zahlungen an rund 16.000 Werksrentner.

1948

Der Staat Israel wird gegründet. Zum Präsidenten wird David Ben Gurion gewählt. Zum ersten Mal gibt es einen jüdischen Staat, dessen Gründung allerdings anhaltende Konflikte auslöst.

Neue Orientierungen

Die Stadt Essen schaut mit großer Besorgnis auf die Entwicklung bei ihrem größten Arbeitgeber, dem sie ihre ganze Existenz verdankt. Sie sieht die sozialen Probleme, die auf sie zukommen, die Räte trauen sich aber nicht, sich gegen die Besatzungsoffiziere aufzulehnen. So stimmen alle Parteien im Stadtrat von Essen 1946 dem Beschluß zu, nicht nur Adolf Hitler und Hermann Göring die Ehrenbürgerschaft abzuerkennen, sondern auch Bertha und Gustav Krupp. Nach zwölf Jahren Anpassung an die Hitler-Diktatur war eine neue Zeit des Opportunismus angebrochen, die sicher auch von der Sorge des Überlebens geprägt war. So verfaßte der Rat der Stadt eine Resolution, in der man ausdrücklich mitteilte, daß man an einem Erhalt der Firma Krupp nicht interessiert sei. Aber dringend bat man darum, die Arbeitsplätze zu erhalten, die einer friedlichen Nutzung galten. Würden auch diese vernichtet, so fürchte man die Entstehung eines Elendsgebietes. Doch die Bit-

Drei Ringe und kein Stern: Lastwagen aus der Produktion der Firma Fried. Krupp

ten halfen nicht viel. Das Kruppsche Werk wurde ausgeschlachtet und ausgeweidet. Auf dem Gelände wurden mit offizieller Erlaubnis eine Reihe kleiner Firmen angesiedelt, die aber die sozialen Probleme der Stadt Essen kaum lösen konnten.

1951 ist die Zeit der Demontage endlich zu Ende. Was übrig bleibt, ist nur ein Bruchteil von dem, was Krupp einmal war.

Der ehemalige Alleininhaber sitzt zur gleichen Zeit immer noch im Gefängnis, ausgerechnet in Landsberg in Oberbayern, wo 27 Jahre zuvor ein gewisser Adolf Hitler seine Haftstrafe nach seinem mißglückten Putsch absaß, die er im übrigen dazu nutzte, sein unglückseliges Pamphlet *Mein Kampf* zu schreiben. Krupp kann sich mit dem Urteil nicht abfinden, so daß er sein Verfahren immer wieder mit anderen vergleicht. Als er von einem Wärter gefragt wird, wie er angeredet werden möchte, antwortet er: „Nennen Sie mich Krupp, wegen dieses Namens bin ich hier. Diese Zelle ist mein Anteil am großen Krupp-Erbe."

Der amerikanische Militärgouverneur Lucius D. Clay bestätigt das Urteil gegen Alfried. Nur eine Änderung nimmt er vor. Das Vermögen soll nicht mehr dem Alliierten Kontrollrat zufallen, der existiert in der beginnenden Zeit des Kalten Krieges praktisch nicht mehr, sondern jede Besatzungsmacht soll die Krupp-Werke bekommen, die in ihrem Gebiet liegen. Damit wird verhindert, daß die Russen plötzlich mitten im Ruhrgebiet etwas für sich beanspruchen können.

Ein anderer Amerikaner bringt für Krupp die Wende. John McCloy war 1949 Hoher Kommissar für Deutschland geworden. Er beginnt 1950 damit, eine Reihe von Urteilen aus Kriegsverbrecherprozessen neu zu bewerten. Im Januar 1951 nimmt er sich auch den Fall Krupp vor. Er betrachtet die Argumente der Verteidigung aus dem Prozeß ganz anders als das Gericht, vergleicht die Urteile mit denen aus dem Flick-Prozeß und aus dem IG-Farben-Prozeß.

1949

Er beschließt, Alfried Krupp und die Mitglieder des Krupp-Direktoriums knapp drei Jahre nach der Urteilsverkündung zu begnadigen. Nur ausgerechnet der unglückliche Direktor Löser, der noch in Gestapohaft gesessen hatte, muß ein halbes Jahr länger auf seine Entlassung warten, bis er endlich als gebrochener und kranker Mann nach Essen zurückkehren kann.

Mit einer (seiner eigenen) Stimme Mehrheit wird Konrad Adenauer zum ersten Kanzler der Bundesrepublik Deutschland gewählt. Damit ist das Land fester Partner im Bündnis der Westmächte.

Ist dies sicher eine große Erleichterung für Alfried Krupp, so überrascht der nächste Punkt vor allem die

Öffentlichkeit noch mehr. Mit der lapidaren Begründung, daß die Beschlagnahme von Privatvermögen nicht zu den Gepflogenheiten des amerikanischen Rechtssystems gehörten, hebt McCloy die Enteignung auf. Er ordnet die Rückgabe des Vermögens an und legt die Freilassung der Gefangenen auf den 3. Februar 1951 fest.

Die sechs Jahre Haft waren an Alfried nicht spurlos vorbeigegangen. Der Mann, der am 3. Februar von seinem Bruder Berthold am Gefängnistor abgeholt wurde, war erst 43 Jahre alt, aber er sah sicher zehn Jahre älter aus. Die Entlassung ist im Leben der jungen Bundesrepublik Deutschland ein großes Ereignis, das von großem Medienrummel begleitet wird. Dutzende von Reportern warten auf den Mann, dessen Entlassung symbolisch die Rückkehr Deutschlands in den Kreis der Westmächte bedeutet. Die Welt ist längst wieder im Krieg, nicht in Europa, aber in Asien, und es geht darum, die Vormachtstellung vor allem Amerikas aufrecht zu erhalten. So sind natürlich nicht nur Reporter aus Deutschland, sondern aus aller Welt gekommen, die die ersten Worte von Alfried hören wollen. Sein Bruder Berthold hat für alles vorgesorgt. Er hat Räume in einem Landsberger Hotel gemietet, hat neue Kleidung mitgebracht, damit Krupp nicht in der wenig eleganten Gefängniskluft auftreten muß. Und er hat im Hotel ein Frühstück bestellt. Der Hotelier ist sich der historischen Stunde bewußt und spendiert dem so aufmerksam erwarteten Gast und seiner Begleitung zum Frühstück zwei Flaschen Champagner. Selten ist ein Champagner den Trinkern so schlecht bekommen wie dieser. Die wartenden Journalisten machen daraus ein „Champagnergelage", bei dem man den „Sieg" der Freilassung gefeiert habe. Am meisten ist darüber McCloy verärgert, der seine eigenen Bemühungen um die Freilassung Krupps – und auch die erlittenen Anfeindungen vor allem aus England und Frankreich – als äußerst undankbar gelohnt sieht.

Auf der unmittelbar an das Frühstück anschließenden Pressekonferenz wird Krupp natürlich gefragt, ob er wieder Waffen produzieren wolle. Seine Antwort geht um die Welt: „Ich hab nicht den Wunsch und die Absicht, aber ich glaube dieses Problem wird von der deutschen Regierung gelöst werden und nicht von meinen persönlichen Neigungen. Ich hoffe, es wird für Krupp nie wieder notwendig sein, zum Waffengeschäft zurückzukehren, aber was eine Fabrik produziert, hängt letzten Endes nicht nur vom Willen des Besitzers, sondern auch von der Politik der Regierung ab. Mein Leben ist immer mehr vom Lauf der Geschichte als von mir selbst bestimmt worden."

Die Antwort spiegelt auch die alte Haltung der Firma Krupp wider: Über das Waffengeschäft befindet der Staat, nicht die Firma. Die Haltung ist verständlich, wenn man die Zeitumstände berücksichtigt. Neue Auseinandersetzungen und die Aufteilung der Welt in zwei große Blöcke, die sich unversöhnlich am Eisernen Vorhang gegenüberstehen, sorgen in dieser Zeit bereits für erste Aufrüstungspläne in den beiden Deutschlands. Obwohl Alfried gleichzeitig mit der Entlassung der Besitz der Firma wieder zugesprochen wird, gibt es für ihn eine ganze Reihe von Problemen. Zunächst möchte er einmal Urlaub machen und seine Mutter wiedersehen, die auch nach dem Tod von Gustav im Jahr 1950 weiter in Österreich auf Schloß Blühnach lebt. Erst nach ein paar Wochen kehrt Alfried nach Essen zurück. Dort erfährt er von seinem Bruder Berthold von den gegenwärtigen Schwierigkeiten. Die Entflechtung, die laut Gesetz durchgeführt werden soll, stellt sich als großes Problem dar, denn in Essen sind die Engländer als Besatzungsmacht zuständig und sie scheren sich wenig um die Entscheidung der Amerikaner. Die Villa Hügel wird nach wie vor von den Engländern benutzt. Sie haben eine Bannmeile darum errichtet, so daß Alfried sie nur von einem weiter entfernten Hügel sehen kann.

Er geht zunächst einmal auf Reisen, als ob es gelte, die verlorenen sechs Jahre im Gefängnis nachzuholen. Begleitet wird er meist von seiner zweiten Frau Vera, mit der er bereits aus dem Gefängnis korrespondiert hatte und die er 1952 in Berchtesgaden geheiratet hat. Zwei Jahre nach der Haftentlassung, Anfang 1953, betritt Alfried Krupp nach acht Jahren zum ersten Mal wieder die Hauptverwaltung der Firma in Essen in der Altendorfer Straße. Es ist eine triumphale Heimkehr. Menschen stehen mit Fähnchen an der Straße, und die Lokalpresse berichtet entsprechend über das Ereignis. Er hatte sich in der Zwischenzeit mit zahlreichen Problemen der Firma auseinandergesetzt, so daß er nicht unvorbereitet kam, aber es hatte sich viel angesammelt. Eines der größten Probleme war das Entflechtungsgesetz, das die Alliierten geschaffen hatten, um die Machtkonzentration der wenigen dominierenden Firmen im Ruhrgebiet zu vermindern. Krupp

1952

Am 25. Dezember beginnt der Nordwestdeutsche Rundfunk mit seiner regelmäßigen Ausstrahlung von Fernsehsendungen. Am 26. Dezember wird die erste Ausgabe der „Tagesschau" gezeigt.

sollte demnach nur noch in der Stahlverarbeitung tätig sein und nicht mehr selber den Stahl herstellen können. So ist eine der ersten Amtshandlungen, die Krupp im Jahr 1953 unternimmt, die Schließung des Mehlemer Abkommens, ein Vertrag, der ein staatsrechtliches Unikum darstellt. Die drei Besatzungsmächte USA, Großbritannien und Frankreich schlossen mit dem Privatunternehmer Alfried Krupp einen Vertrag über das Ende des Krupp-Konzerns als einheitliche Firma. Abgetrennte Teile gehören zwar weiter Krupp, aber sie stehen nicht mehr unter einem gemeinsamen Dach. Gleichzeitig werden in diesem Abkommen merkwürdigerweise auch die Erbansprüche der anderen Familienmitglieder geregelt, die ja nach dem Willen von Gustav Krupp leer ausgegangen waren. Die vier lebenden Geschwister und der Sohn des gefallenen Bruders Claus sollten innerhalb von zehn Jahren jeweils elf Millionen Mark erhalten.

Die Unterschrift unter diesen Vertrag fällt Alfried sicher nicht leicht, aber er kann sie leisten, weil er davon ausgeht, daß die Zukunft der Firma trotz der Auflagen und trotz des hohen Betrages für die Erben gesichert ist. Später versuchte er allerdings, die Bestimmungen des Mehlemer Vertrags zu unterlaufen. Dabei verwies er darauf, daß das Abkommen unter Zwang geschlossen worden sei, was allerdings nicht so ganz den Tatsachen entsprach, auch wenn 1953 zweifellos ein großer Druck auf ihm lastete.

Schon im ersten Jahr der Rückübertragung macht Krupp wieder Gewinn, und schnell expandiert die Firma erneut. Vor allem in den Bereichen, die bereits zur Weimarer Zeit für die Expansion gesorgt hatten, wie dem Lokomotivbau, dem Lastwagen- und Omnibusbau oder den Baumaschinen, setzt schnell ein Boom ein. Das ist allerdings kein Wunder, wenn man bedenkt, was in dem so weitgehend zerstörten Land alles wieder gebraucht wird. Auch der Export wird kräftig angekurbelt. Alfried hatte auf seinen Reisen in den ersten zwei Jahren nach der Haftentlassung Kontakte im Ausland gesucht und gefunden, die sich jetzt auszahlten. In Südamerika und Asien bestehen kaum Ressentiments gegen den Namen Krupp, so daß sie sich als neue Märkte geradezu anbieten. 1951 wird von Krupp schon wieder ein Umsatz von fast 1,4 Milliarden Mark erzielt, drei Jahre später wird die Zwei-Milliarden-Grenze überschritten. Der Exportanteil hat sich im selben Zeitraum von 150 auf 334 Millionen Mark mehr als verdoppelt.

Privat hat Alfried weniger Glück. Seine Ehe mit der Deutsch-Amerikanerin Vera Hossenfeldt scheitert. Sie war bereits dreimal verheiratet, unter anderen mit dem Regisseur Frank Wisbar, mit dem sie Mitte der 50er Jahre nach Hollywood aufgebrochen war, um dort beim Film Karriere zu machen. Ohne Erfolg. Nach seiner Rückkehr wurde Wisbar in Deutschland dann ein wichtiger Unterhaltungsregisseur. Doch da ist Vera längst von ihm geschieden. Für das Scheitern ihrer vierten Ehe mit Alfried Krupp von Bohlen und Halbach, die für sie einen enormen gesellschaftlichen Aufstieg bedeutete, machte sie später Mutter Bertha verantwortlich, die aus Österreich nach Essen zurückgekehrt war, um in der Nähe ihres Sohnes zu sein. Sie begann auch erneut das Haus zu repräsentieren, und es wurde Hof gehalten wie in den früheren Zeiten. Monarchen und Staatsoberhäupter kamen wieder zur Villa Hügel und wurden standesgemäß empfangen. Es ging zu wie in einem aktiven Herrscherhaus. Alfried war ein Teil dieser Repräsentanz, und ansonsten arbeitete er immer mehr. Es blieb nicht aus, daß sich Besucher und Direktoren des Hauses über die Stillosigkeit der jungen Frau Krupp mokierten. Vera war nicht bereit, den Pflichten einer Frau nach dem Kruppschen Gesetz nachzukommen. Alfrieds Vergnügen und Freuden waren ganz anderer Art als ihre. Dennoch gab es viele Zeugen aus der damaligen Zeit, die davon überzeugt waren, daß Alfried Krupp seine Frau aufrichtig liebte, daß sie ihm ein ganz anderes neues Lebensgefühl vermitteln konnte, als er es in der steifen Umgebung seines Elternhauses gewohnt war. Nur – die Tradition war stärker und ließ ihm zum persönlichen Glück keinen Freiraum.

Der Neue

Alfried Krupp hat das Heft wieder fest in der Hand, aber er scheint zu ahnen, daß seine Kraft begrenzt ist. Das spüren auch sicher die Direktoren des Hauses. Doch sie sind zutiefst überrascht, als ihnen Alfried eines Tages eröffnet, daß sie einen neuen – zweiten – Chef bekommen. Einen Chef, der nicht aus der Familie kommt und mit dem das Haus bisher auch nichts zu tun gehabt hat. Ein Mann, der für die patriarchalisch denkenden Menschen eigentlich eine Provokation darstellt. Sein Name: Berthold Beitz. Sein Alter: 38 Jahre. Alfried Krupp lernte Berthold Beitz zufällig über seinen Bruder Berthold kennen. Bereits beim zweiten Treffen dieser gegensätzlichen Männer macht Alfried Krupp Berthold Beitz das Angebot, ob er nicht Generalbevollmächtigter bei Krupp werden möchte, ein Amt das man heute wohl treffender als Vorstandsvorsitzender bezeichnen würde. Beitz sagt nach kurzer Bedenkzeit zu, in der er sich gründlich über das Unternehmen und

Neue Gesichter: Alfried Krupp (Mitte) mit seiner zweiten
Frau Vera und Berthold Beitz

die Industriestruktur an der Ruhr informiert. Doch es dauert noch ein Jahr bis er sein Amt antreten kann, da ihn der Aufsichtsrat der Versicherungsfirma Iduna nicht vorzeitig aus seinem Vertrag als dortiger Vorstandsvorsitzender entlassen will. Im November 1953 kann er endlich nach Essen wechseln und in der Kruppschen Hauptverwaltung antreten.

Dort ist er nicht gerade willkommen. Die gesamte Führungsriege des Hauses empfindet es als Affront und – wie sich bald herausstellen sollte, zu Recht – als Bedrohung. Die übrigen Revierfürsten pflichten ihren Kollegen von Krupp bei. Da kommt einer aus Hamburg, hat dort eine Versicherung geleitet und soll nun das traditionsreiche Haus Krupp führen.

Als im Jahr 1954 im *Spiegel* eine Geschichte über den neuen Manager erscheint, wird sie mit einer Anekdote eingeleitet, die das Verhältnis der Alten gegenüber dem Neuen widerspiegelte. Bei der Vorstellung einer von Krupp hergestellten Taucherkugel – auch das ist ein neuer Zweig, erinnert aber an die Meeresforschungen des unglücklichen Fritz Krupp – klettert Beitz selber hinein. Aus der anonymen Masse der leitenden Krupp-Mitarbeiter erschallt die Aufforderung: „Macht schnell die Klappe zu, die Gelegenheit ist günstig."

Doch Beitz ist keineswegs gewillt, abzutauchen. Im Gegenteil, mit großer Selbstverständlichkeit übernimmt er die Macht und nutzt sie. Für die Firma ist er ein Glücksfall.

Nicht nur, weil er Entscheidungen schnell und häufig richtig trifft. Als Person ist er das ideale Pendant zu Alfried. Er ist extrovertiert und bewegt sich gerne und sicher auf dem gesellschaftlichen Parkett. Er ist sportlich und unkompliziert. Und er hat noch einen nicht zu unterschätzenden Vorteil, von dem Alfried bei der ersten Begegnung gar nichts wußte. Er ist politisch nicht nur vollkommen unbelastet, sondern hat im Dritten Reich zahlreichen Juden das Leben gerettet. Ähnlich wie der später bekannt gewordene Oskar Schindler hat er in seiner Stellung als kaufmännischer Leiter von Shell in einer galizischen Stadt bedrohte Juden als unentbehrlich für seinen Betrieb bezeichnet. Manche holte er noch aus den Zügen heraus, die schon nach Auschwitz unterwegs waren. Er selbst hatte nie ein Aufhebens von seinen Taten gemacht, aber durch die Aussagen der Überlebenden wurde sein mutiges Verhalten publik gemacht. Krupp hatte einen Chef, der das alte Image mit Leichtigkeit konterkarieren konnte, so daß wenige Jahre später es auch für Staatsoberhäupter wieder möglich war, nach Essen zu fahren und in der Villa Hügel empfangen zu werden.

In einem Bereich ist Beitz und sein Ruf besonders nützlich. Er öffnet dem Werk das Tor nach Osten. In den finstersten Zeiten des Kalten Krieges bricht Beitz auf, um die Sowjetunion zu besuchen und nach Polen und in die anderen Länder des sozialistischen Blocks zu fahren.1957 schließt er das erste Geschäft mit der Sowjetunion ab. Zwei Jahre später wird er von Chruschtschow empfangen; das Bild geht um die Welt. Dafür muß er sich in der Bundesrepublik bittere Anfeindungen gefallen lassen, denn sein Verhalten wird in die Nähe von Vaterlandsverrat eingeordnet. Dabei hat er damals schon die ersten Grundlagen für die neue Ostpolitik gelegt, wie sie zehn Jahre später sein Freund Willy Brandt auf staatlicher Ebene beginnen sollte.

In der Firmenzentrale räumt Beitz ziemlich rücksichts-
los auf. Direktoren werden entlassen und haben gerade
noch Zeit, ihre Sachen zusammenzupacken, bevor sie
das Haus für immer verlassen müssen. Die verharsch-
ten Strukturen werden aufgebrochen. Traditionen über
Bord geschmissen. Es weht ein neuer Wind in dem
Haus, das eigentlich auf Firmentreue und Loyalität
immer sehr viel mehr Wert als auf reine Effizienz gelegt
hat.

Aber es sind auch andere Zeiten. Neue Produkte sind
gefragt, die politischen Verhältnisse haben sich geän-
dert, die großen Unternehmerpersönlichkeiten müssen

1957

Managern weichen, die häufig genug die
Firmen wechseln, wenn es der Karriere
dient. Beitz trägt dazu bei, daß Krupp in
diesem Konzert der neuen Konzerne
schnell wieder ganz vorne mitspielt. Nur
in einem Bereich hält man sich nach wie
vor zurück, auch als die Bundesrepublik
Deutschland 1957 wieder eine Militär-

Am 4. Oktober schießt die
Sowjetunion ihren ersten
Satelliten „Sputnik" in das
All. Die USA sind so
schockiert, daß sie ein
Milliardenprogramm zur
Eroberung des Weltraums
beschließen.

macht wird: bei der Produktion von Waffen. Es ist nicht
ganz sicher, ob man es wegen des alten Rufes vermei-
det, dort wieder einzusteigen, um die übrigen interna-
tionalen Geschäfte nicht zu belasten, oder ob es vielleicht wirklich die innere Überzeugung von Alfried
Krupp und Berthold Beitz ist, auf Waffenproduktionen
weitgehend zu verzichten. Diese Haltung trägt Krupp
den indirekten Tadel der konservativen Bonner
Führung bei, die sich – nicht zuletzt psychologisch –
mehr Unterstützung bei der Wiederbewaffnung des
neuen Deutschland im Rahmen der Nato wünscht.
Beitz ist auch hier ein bißchen weitsichtiger als andere.

Er sagt voraus, daß die nächsten „Kriegsverbrecher" nicht aus der konventionellen Waffenindustrie kommen werden, sondern aus der chemischen und elektronischen. Wie recht er mit seiner Prognose aus den 60er Jahren behalten sollte, zeigen die späteren kriegerischen Auseinandersetzungen, wie etwa der Golfkrieg Anfang der 90er Jahre bewies. Vielleicht war diese Prognose aber auch ein Grund, warum Beitz so auffallend wenig Interesse zeigte, die Firma Krupp in der Waffentechnik wieder eine Rolle spielen zu lassen.

150 Jahre Krupp

1961 feiert die Firma Krupp ihr 150jähriges Jubiläum. Sie steht wieder in voller Blüte, beschäftigt auch wieder mehr als hunderttausend Mitarbeiter, und alle Querelen der Vergangenheit scheinen tatsächlich Vergangenheit zu sein. Die Stadt Essen, die unmittelbar nach dem Krieg sich des Namens Krupp schämte, kann nun die Firma gar nicht hoch genug preisen. Der Bürgermeister – ein ehemaliger Kruppianer – überreicht Alfried Krupp von Bohlen und Halbach den Ehrenring der Stadt, eine neugestiftete Auszeichnung. Prominenz aus allen Ländern und aus allen Bereichen ist vertreten. Es ist fast wieder so wie früher, wenn der Kaiser die Feste durch seine Anwesenheit adelte. An so einem Tag will niemand daran erinnern, daß dieselbe Stadt gerade 15 Jahre vorher den Eltern Alfrieds die Ehrenbürgerschaft aberkannt hatte. Der Höhepunkt der Feier ist die Rede des ersten Bundespräsidenten der Bundesrepublik Deutschland. Theodor Heuss ist zwar seit zwei Jahren nicht mehr im Amt, aber er ist immer noch die Figur,

Die Distanz bleibt: Alfried Krupp mit seinem Sohn Arndt von
Bohlen und Halbach 1960

die international wohl am wirkungsvollsten das neue
Deutschland repräsentiert hat. Er benutzt seine Rede
dazu, das Haus Krupp vom Odium der Kriegsverbre-
cherfirma endgültig freizusprechen. Er kritisiert die
Charakterisierung „Waffenschmiede" als „schwer
erträgliche Heuchelei".

Wer 15 Jahre vorher eine solche Entwicklung vorausge-
sagt hätte, wäre wohl auch von den Familienmitglie-
dern Krupp als heilloser Phantast angesehen worden.

Die Krise

1962

Die Sonne scheint nicht lange. Nur ein Jahr nach der
großen Jubiläumsfeier erscheinen in englischen Zeitungen erste Hinweise auf eine Finanzkrise im Hause
Krupp. Sie gehen auf Äußerungen des ehemaligen
Finanzdirektors Johannes Schröder zurück, der im
Sommer des Jahres 1962 auf massiven Druck von Beitz
aus dem Haus ausgeschieden ist. Der
hochangesehene Schröder benutzt sein
Wissen, um im renommierten *Handels-
blatt* einen allgemeinen Artikel über die
Kapitalprobleme bei Familienunterneh-
men zu schreiben. Krupp ist ja keine
Aktiengesellschaft mehr, für die inzwischen größere Publizitätspflichten beste-

*Im Hamburger Star-Club
tritt zum ersten Mal eine
englische Band unter dem
Namen „Beatles" auf. Von
England aus erobern sie
später die Welt und
werden die erfolgreichste
Popgruppe aller Zeiten.*

hen, auch wenn sie nur einen Besitzer haben. Die Firma
muß also weder einem Aufsichtsrat noch der Öffentlichkeit jährlich ihre Geschäftsergebnisse vorlegen, ein
Umstand, der tatsächlich dazu führen kann, daß manche Probleme vielleicht nicht rechtzeitig erkannt werden. Auch wenn manche Schröders Artikel als Rache-

akt gegen Berthold Beitz empfinden, so gibt es zwei Reaktionen, mit denen Alfried und Beitz nicht gerechnet haben. Berthold Krupp – inzwischen mit Hilfe seines ausgezahlten Erbes selber Unternehmer in weit bescheidenerem Rahmen – sichert sich die unzweifelhaft vorhandenen Kenntnisse und Fähigkeiten Schröders und schließt mit ihm einen Vertrag. Und die Banken zeigen sich alarmiert, weil sie die theoretischen Überlegungen Schröders als nicht völlig aus der Luft gegriffen empfinden. Das Problem der Firma ist, daß sie schon lange das praktiziert, was man später „Diversifikation" nennt und sich in zu vielen Bereichen engagiert hat. Wer dies gegenüber Alfried kritisiert, hat aber wenig Chancen. Ihm ist dieses breite Engagement recht und wie seine Vorfahren will er nichts stillegen, auch wenn einzelne Bereiche defizitär sind. Vielleicht aus seinen eigenen Erfahrungen heraus, ist ihm der Erhalt der Arbeitsplätze wichtiger als die Rendite des gesamten Hauses.

Auch durch die von Beitz forcierten Ostgeschäfte ist die Liquidität der Firma in Frage gestellt, da dieses Geschäft in der Regel eine langfristige Vorfinanzierung benötigt. Die dazu notwendigen Kredite kommen häufig von der „Ausfuhr-Kredit-Gesellschaft mbH". Das ist eine Gemeinschaftseinrichtung der Banken mit der Bundesbank, um exportabhängige Firmen zu fördern. Ende 1966 braucht Krupp wieder neue Mittel aus diesem Topf, doch die Banken sperren sich dagegen. Die jahrelang geschürten Gerüchte haben ihre Wirkung. Nur gegen eine Bundesbürgschaft von 300 Millionen und eine Landesbürgschaft von 150 Millionen Mark ist die Ausfuhr-Kredit-Gesellschaft bereit, weiter Geld zur

Verfügung zu stellen. Die Zeitungsschlagzeilen dieser Tage verkünden das Unfaßbare: Krupp vor der Pleite. Berthold Beitz tritt bei dem neuen Wirtschaftsminister Karl Schiller an, der sich stark genug fühlt, die Generallinie für die Firma vorzugeben. Er verlangt, daß Krupp einen Verwaltungsrat bekommt, der die gleichen Rechte und Pflichten haben soll, wie ein Aufsichtsrat bei einer Aktiengesellschaft. Darüber hinaus sollen die einzelnen Firmenteile auf ihre Rentabilität untersucht und notfalls geschlossen werden. Selbst ein sozialdemokratischer Minister mußte damals offensichtlich auf die Frage von Arbeitsplatzverlusten keine Rücksicht nehmen.

Darüber hinaus sollte Krupp aber auch alle Schritte in die Wege leiten, um die größte Einzelfirma des Landes in eine Kapitalgesellschaft umzuwandeln. Viele nutzen diese Krise dazu, sich an dem selbstherrlichen Berthold Beitz zu rächen. Er bekommt nun den ganzen Hohn und Spott zu spüren, den man für Stars übrig hat, wenn sie plötzlich auf der Verliererseite zu stehen scheinen. Doch die Krise wird bald überwunden. Nicht zuletzt, weil es Beitz gelingt, ein Problem zu lösen, das sich schon seit einigen Jahren abzeichnet.

Der letzte Krupp

Alfried Krupp wurde im Jahr 1943 unter den denkbar schlechtesten Umständen Alleininhaber der Firma Krupp. Aber er wurde Alleininhaber, so wie es die Familientradition seit Alfred vorsah, eine Tradition, die immerhin das mehr als 150jährige Überleben und Prosperieren der Firma garantiert hatte. Nach dieser Regel wäre Arndt von Bohlen und Halbach der nächste Inhaber der Firma Krupp geworden. Doch es gab so gut wie niemand – ihn vermutlich eingeschlossen –, der ihm zugetraut hätte, die Firma Krupp zu leiten.

Arndt war der Sohn Alfrieds und seiner ersten Frau Anneliese. Die Ehe endete 1941 nach nur vier Jahren mit der Scheidung. Der damals dreijährige Arndt blieb bei der Mutter. Die Eltern hatten sich allerdings geeinigt, das Sorgerecht für ihn gemeinsam auszuüben. Doch das scheiterte natürlich an den Zeitumständen, die bis weit in die 50er Jahre hinein nicht einmal einen Kontakt zwischen Alfried und seinem Sohn Arndt

Die Staatsbesucher kommen wieder: der indonesische
Präsident Achmed Sukarno in Essen

ermöglichen. Als er als Heranwachsender einen Tag in der Villa Hügel mit seinem Vater gemeinsam verbringt, hört er zum ersten Mal, daß seine Mutter dort immer noch als „die Bardame" gilt. Er weiß nicht recht, was das sein soll, spürt aber die Geringschätzung, die man ihr gegenüber hegt. Er hingegen verehrt sie, und sie verbringen viel Zeit gemeinsam. Sie nutzt die finanziellen Vorteile, die sie als geschiedene Bohlen und Halbach hat, und kauft sich überall in der Welt Wohnungen: am Tegernsee, am Copacabana-Strand von Rio de Janeiro, in Bayreuth und an der Côte d'Azur. Seine Schulzeit hatte Arndt zumeist in Internaten verbracht, so daß ihm danach das lockere Leben im damals noch nicht so genannten Jet Set seiner Mutter gut gefiel. Arndt von Bohlen und Halbach war bald ein gern gesehenes Mitglied dieser halbseidenen Gesellschaft, von der Millionen Frauen und auch Männer träumten, die die entsprechenden Illustrierten und Klatschblätter der Zeit begierig verschlangen.

Berthold Beitz, der sich der Probleme der Erbfolge bewußt war, hatte früh den Kontakt zu Arndt gesucht. Er beschrieb ihn später als einen „klugen Kopf, einen begabten Jungen, der eben keine Lust zu arbeiten" habe. Vermutlich waren die lobenden Worte nicht einmal falsch, aber das Urteil war insofern vernichtend, weil ein Mensch, der nicht arbeiten wollte, an der Spitze des Hauses Krupp unvorstellbar war. Doch wenigstens die Fassade wurde aufrecht erhalten. Zu den alljährlichen Jubilarehrungen mußte Arndt jeweils antreten, wie er auch zur großen 150-Jahr-Feier

1965

Zehn Tage lang besucht die englische Königin Elisabeth II. Deutschland und macht dabei in acht Bundesländern Station. Die Visite wird bei der Bevölkerung ein triumphaler Erfolg.

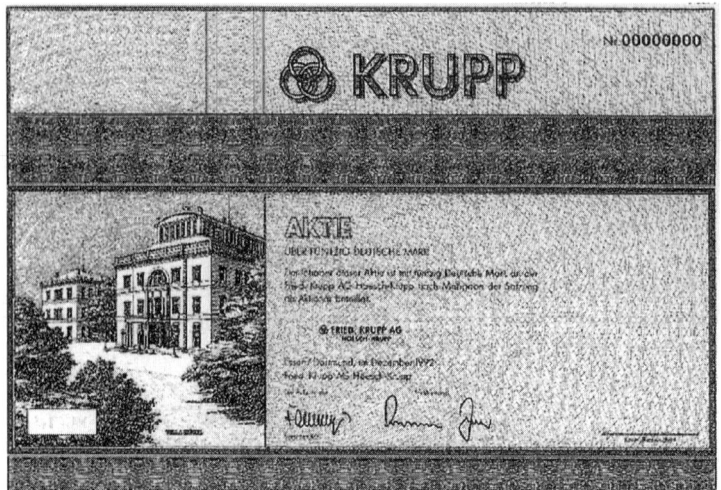

Ein Wertpapier, das das Ende der Familienherrschaft
einläutet: Krupp-Aktie 1967

nach Essen gekommen war. Er war damals 24 Jahre alt
und stand neben seinem Vater. Die beiden machten
nicht gerade den Eindruck eines glücklichen oder har-
monischen Paares. In der Tat fand Alfried, der seinen
Sohn jahrelang kaum gesehen hatte, nicht mehr den
richtigen Draht zu ihm.

Die zahlreichen Auslandsaufenthalte, die mehr den
Vergnügungen im damaligen Jet Set galten, wurden als
Studienaufenthalte erklärt, die dazu dienen sollten, der
Öffentlichkeit das Bild eines strebsamen jungen Man-
nes zu vermitteln. Ein lustlos betriebenes Studium der
Betriebswirtschaft diente dem gleichen Zweck und
wurde hauptsächlich in der Hauszeitschrift und weni-
ger an den betroffenen Universitäten registriert.

Arndt hatte mit seiner Mutter seinen Lebensmittel-
punkt nach Brasilien verlegt. In einem Interview im Jahr

1967 – er war nun 29 Jahre alt und eigentlich wäre es längst Zeit gewesen, sich in Essen auf sein zukünftiges Amt vorzubereiten – erklärte er, daß er erwäge, in Brasilien ein landwirtschaftliches Versuchsgut aufzubauen. Doch auch das interessierte die Leute wenig. Sie interessierte vielmehr das, was ein guter Freund von Arndt und seiner Mutter, der Münchner Klatschkolumnist Hannes Obermeier, in seiner Kolumne „Hunter" in der *Münchner Abendzeitung* berichtete. Darunter war auch die Geschichte, daß Arndt sich eine ständige Partnerin gewählt hatte, mit der er viel auf Parties unterwegs war. Es handelte sich um Mady Rahl, eine damals bekannte Schauspielerin, die etwa doppelt so alt war wie er und eine gute Freundin seiner Mutter.

Was damals durch alle Klatschgeschichten durchklang, niemals aber offen ausgesprochen wurde: Arndt war homosexuell. Damit war er zwar nicht der erste in der Familie, wenn man sich an Fritz zurückerinnert, aber immerhin war in den 50er und 60er Jahren männliche Homosexualität strafbar und wurde dementsprechend schamhaft verschwiegen. Arndt war allerdings nicht nur homosexuell, sondern erfüllte von Aussehen und Gehabe alle Klischees, die damals über die „Perversität" im Umlauf waren.

Irgendwann mußten auch Alfried und Berthold Beitz einsehen, daß Arndt in keinem Fall in der Lage wäre, das wieder zu einer der größten deutschen Firmen aufgestiegene Unternehmen zu leiten und zu lenken. Er selbst bewies es allen Skeptikern, als er seinen 30. Geburtstag mit einer Party feierte, die es bis dahin in Deutschland noch nicht gegeben hatte und die der Boulevardpresse seitenweise Stoff bot.

Aus diesem Blickwinkel kam die Krise da durchaus zu Hilfe. Die Forderungen nach einer Umwandlung in eine Kapitalgesellschaft mit allen dafür vorgesehenen Leitungsgremien konnten sehr viel leichter erfüllt werden, wenn Arndt auf seinen Anspruch verzichtete. Berthold Beitz, dem Arndt nach wie vor näher stand als seinem Vater, übernahm die Verhandlungen dazu. Ihm gelang es, Arndt zu einem Erbverzicht zu überreden. Erleichtert wurde ihm dies durch eine jährliche Apanage von zwei Millionen Mark, die nach dem damaligen Geldwert seinen Lebensstandard durchaus sichern konnten. Der Weg zur geforderten Umwandlung in eine Aktiengesellschaft war nun frei, und so konnte Alfried die Jubilarveranstaltung am 1. April 1967 dazu nutzen, das Ende der Alleinherrschaft der Familie Krupp bekanntzugeben. Neben ihm stand wie in den Jahren zuvor sein Sohn Arndt. Zum ersten Mal ergriff er dabei auch öffentlich das Wort:

April 1967

Mit 91 Jahren stirbt Konrad Adenauer. Bis zu seinem 88. Lebensjahr war er Kanzler der Bundesrepublik Deutschland gewesen und hatte das Land stärker als irgendein anderer geprägt.

„Ich bin der festen Überzeugung, daß durch die Jahrhunderte hindurch alle Mitglieder der Familie Krupp von einem tiefen Gefühl der Pflicht und Verpflichtung gegenüber der Firma durchdrungen waren. Jede Generation hat irgend etwas Wichtiges geleistet, damit die Firma erhalten blieb. Und jetzt, da der Fortbestand der Firma Krupp nur durch die Umwandlung in eine Stiftung gesichert werden kann, dachte ich mir, daß ich als letztes Glied in der Kette dieselbe Verpflichtung habe, das Meinige dazu beizutragen. Ich glaube, daß ich mit meinem Erbverzicht meine Pflicht gegenüber der Firma, meiner Familie und somit auch gegen-

Neue Wege: ein Düngemittel-Komplex der Firma Krupp

über meinem Land erfüllt habe." Damit hat die Familie Krupp ihre Herrschaft beendet.

Sie tat es zweifellos unter Zwang. Ironie der Geschichte ist: zwanzig Jahre später glaubten die meisten Beteiligten, die Krise der Firma sei gar nicht so schwer gewesen, daß dieser Schritt zwingend war. Zwingend wäre es aber schon kurz darauf gewesen. Denn Alfried überlebte das Schicksalsjahr 1967 nicht, und kein fähiger Nachfolger wäre bereit gestanden.

Die Abdankung

Die Jubilarfeiern waren immer ein Höhepunkt im Dasein der Firma Krupp. Bei kaum einer anderen Gelegenheit wurde das Gemeinschaftsgefühl stärker zum Ausdruck gebracht, als bei diesen Feierstunden. So ist es kein Wunder, daß die Jubilarfeier vom 1. April 1967 von den meisten Beteiligten als tiefer Einschnitt in die

Nur selten frei gefühlt: Alfried Krupp
auf seiner Segeljacht im Mittelmeer im Jahr 1966

Tradition der Firmengeschichte aufgefaßt wurde. Den Verzicht Arndts nahmen die meisten mit Erleichterung auf, war doch in Essen der Titel „Playboy", mit dem Arndt meist in der Presse versehen wurde, nicht gerade als Ehrenbezeichnung aufgefaßt worden. Ihm wurde die Verschwendungssucht angelastet, die er ungeniert zur Schau stellte. Daß die Familie Krupp beim Geldausgeben nie Hemmungen hatte – der beste Beweis dafür war der Bau und Unterhalt der Villa Hügel –, hatte bisher kaum jemanden gestört. Aber durch alle Generationen hatte sich durchgezogen, daß das Geld eher zum Repräsentieren und zum Wohle der Firma und nicht zum privaten Vergnügen oder gar zum Müßiggang benutzt wurde. Das war bei Arndt offensichtlich ganz anders, und das sah die Mehrheit der Kruppianer mit großem Mißbehagen.

Juni 1967

Konnte man also eher aufatmen, daß das „Problem" Arndt gelöst war, so war die Abdankung der Familie durch Alfrieds Worte ein tiefer Einschnitt in die Geschichte. So verwunderte natürlich kaum jemanden, daß er ernst und alt geworden aussah an diesem 1. April. Daß er auch schwer krank war, wußte zu diesem Zeitpunkt kaum jemand. In der Gefangenschaft hatte er sich eine Herzkrankheit zugezogen, die nie ganz auskuriert worden war. Schlimmer aber: Der starke Raucher litt an Bronchialkrebs, den er allerdings allen verheimlichte. Am 30. Juli, nur vier Monate nach dem Auftritt am 1. April, stirbt Alfried im Alter von 59 Jahren. Wie beim überraschenden Selbstmord von Fritz Krupp dauert es wieder stundenlang, bis das Haus die

Bei Protesten rund um den Schah-Besuch in Berlin wird der Student Benno Ohnesorg erschossen. Mit dessen Tod eskalieren die Studentenunruhen, die das Land zehn Jahre beherrschen sollen.

Öffentlichkeit unterrichtet. Auch diesmal wieder mit sich widersprechenden Erklärungen.

Für Essen und die Firma Krupp ist es so, als ob ein Monarch gestorben wäre. Zwei Tage lang defilieren Tausende am aufgebahrten Leichnam in der Villa Hügel vorbei. Einen Tag später zieht der Trauerzug von der Villa Hügel herunter zur Beerdigung. Auch Sohn Arndt ist dabei. Es ist das letzte Mal, daß der letzte Krupp in Essen auftaucht. Nach seinem Verzicht lebt er das Prominentenleben weiter, umgeben von Freunden und Schmarotzern, von Journalisten und Fotografen. Einmal macht er noch große Schlagzeilen, als er seine Hochzeit mit Hetty von Auerspach feiert, eine zehn Jahre ältere Freundin der Familie. Der Schritt überrascht, denn längst ist der Paragraph 175, der Homosexualität unter Strafe stellte, abgeschafft. 1986 stirbt Arndt von Bohlen und Halbach im Alter von 48 Jahren. Er war nie ein Krupp geworden.

Auf dem Weg zur Normalität

Nach dem Tod Alfrieds sind die Veränderungen in der Firma sicher leichter und schneller durchzuführen, als es mit ihm möglich gewesen wäre. Kurz vor seinem Tod hat er allerdings noch ein Testament verfaßt. Kernstück ist die Stiftung, die die Eigentümeranteile erhält. Für die Spitze des Stiftungskuratoriums nennt Alfried drei Männer, darunter, was niemand überraschte, Berthold Beitz. Es wird allgemein auch erwartet, daß Beitz der Generaldirektor der nun zu gründenden Fried. Krupp GmbH werden soll. Doch der neue Aufsichtsrat, in dem viele Mitglieder sitzen, die mit Krupp bisher nichts zu tun gehabt haben und keinen Grund sehen, an zu vielen Traditionen festzuhalten, entscheidet anders. Er wählt den jungen Industriemanager Günter Vogelsang, der bis dahin bei Mannesmann im Vorstand saß. Was viele insgeheim hofften, trifft nicht ein: das Aus für Berthold Beitz. Alfried hatte vorgesorgt, daß Beitz, der wohl der einzige war, dem er vorbehaltlos traute und sich bei aller Gegensätzlichkeit persönlich verbunden fühlte, nicht ganz ausgebootet werden konnte. Als Testamentsvollstrecker wird er zu einem Krupp oder – bei seiner Vorliebe für Anglizismen – zu Mr. Krupp, so daß er endlich 1970 auch wieder ein offizielles Amt ganz oben antritt. Er wird zum Aufsichtsratsvorsitzenden gewählt und hält damit die Fäden wieder voll in der Hand.

Der neue Vorstandsvorsitzende Vogelsang wird bei seiner ersten Sitzung mit dem Satz zitiert: „Ich habe in meinem Leben schon schönere Bilanzen gesehen." Forsch geht er ans Aufräumen. Was unter Alfried noch undenkbar war: Die Abteilungen werden nach Rentabilitätsgesichtspunkten durchforstet. Als erstes muß die Kraftfahrzeugabteilung dran glauben, in der noch 3200 Arbeiter jährlich rund 1500 Lastwagen bauen. Angesichts der Konkurrenz von Daimler oder MAN wird diese Produktion eingestellt und die Abteilung komplett aufgelöst. Eine Reihe von Mitarbeitern geht zu Daimler-Benz, andere gehen in Frühpension oder sollen innerhalb des Konzerns einen neuen Arbeitsplatz antreten. Die Gewerkschaften rufen zum Protest auf und es gibt auch einen kurzen Streik, doch das hindert die neuen Herren nicht, weiter zu rationalisieren. Daß keinerlei Rücksichten auf Sentimentalitäten oder Vorlieben der früheren Konzernherren genommen wird, zeigt der Verkauf der kruppeigenen Konsumgenossenschaft, die in schweren Zeiten die Versorgung der Mitarbeiter sichergestellt hatte. Nun empfindet man sie als sachfremd und verkauft sie an die

1970

Willy Brandt erregt weltweites Aufsehen durch seinen Kniefall in Warschau als Zeichen der Demut. Ein Jahr später erhält er den Friedensnobelpreis für seine Aussöhnungspolitik gegenüber dem Osten.

gewerkschaftseigene co-op, die selber später unter großem Getöse pleite geht.

Die Schritte führen in die erwünschte Richtung, und Krupp macht wieder Gewinne. Doch mit den Gewinnen wird Beitz auch wieder machtbewußter, und es gibt eine Reihe von Problemen zwischen Aufsichtsratsvorsitzendem und Vorstandsvorsitzendem. Günter Vogelsang schlägt 1972 eine Verlängerung seines Vertrags aus, offensichtlich aus Verärgerung. Es folgen eine Reihe von Chefs, die Beitz ausgesucht hatte, die aber alle mehr oder weniger schnell wieder gehen oder abgelöst werden.

Zum geschäftlichen Hauptproblem wird die Produktion von Massenstahl. Dieses Produkt steckt europaweit in der Krise, und bei Krupp macht es immer noch einen ganz wesentlichen Teil der Produktion aus. Auch beim Schiffbau gibt es eine erste – weltweite – Krise, so daß die Firma bei allem Reformeifer immer noch zu wenig Gewinn schreibt.

Was macht eine Firma, wenn sie zuwenig Kapital hat, um auf Dauer fest im Markt etabliert zu sein? Sie sucht sich einen Kapitalgeber. Das Ergebnis dieser Suche von Berthold Beitz sorgt erneut für wochenlange Schlagzeilen. Der Staat Iran beteiligt sich 1972 mit 25,01 Prozent an der Fried. Krupp Hüttenwerke AG und vier Jahre später an dem Gesamtkonzern. Das ist für viele unfaßbar. Für die Linken, weil der Schah, gegen den und dessen Regime man doch 1967 so vehement auf die Straße gegangen war, sich einfach in eine deutsche Firma einkauft. Für die Konservativen ist es ein Schock, daß das deutscheste aller deutschen Werke plötzlich (Mit-) Besitzer aus dem Morgenland bekommen soll, die zwar bedingt durch das Öl in Geld schwammen, denen man aber besser doch nicht so recht traute.

Die Kapitalspritze von 1,4 Milliarden Mark, die man dafür bekommt, ist bitter notwendig. Aber auch sie löst das Stahl- und Werftenproblem nicht. Angesichts der dramatischen Situation auf dem Stahlmarkt überlegen zum ersten Mal die traditionellen Konkurrenten Krupp und Thyssen, ob sie nicht ihre Stahlwerke zusammenlegen sollen, um wenigstens die größten Verlustbringer zu reduzieren. Doch das bleiben erstmal nur Spekulationen. Also muß man andere Überlegungen anstellen. Es tauchen Gerüchte auf, daß man das Hüttenwerk Rheinhausen mit 5000 Arbeitsplätzen stillegen will.

Glänzt im Nahverkehr: mit Nirosta von Krupp verkleidete Straßenbahn

Die Gerüchte stimmen, und es beginnt eine der härtesten und schwierigsten Auseinandersetzungen um Arbeitsplätze und Firmeninteressen, die die Bundesrepublik Deutschland gesehen hat. Ausgerechnet Rheinhausen, eines der traditionsreichsten Werke des ganzen Konzerns, löst solche Emotionen aus, daß Demonstration auf Demonstration folgt. Der neue Vorstandsvorsitzende Gerhard Cromme, der für den Plan der Stillegung kämpft, wird als Verräter an alten Krupp-Idealen gesehen. Doch Beitz stützt Cromme vorbehaltlos. Jemand anderem erteilt er allerdings eine Abfuhr. In diesen turbulenten Tagen klopft Thyssen-Chef Spethmann mal wieder an, um ein Kaufangebot für den gesamten Konzern zu machen. Angeblich hat Beitz geantwortet: „Herr Spethmann, Sie müssen sich das Testament angucken. Ich kann nicht verkaufen und ich werde es auch nicht tun."

Dieses Wort schließt Fusionen nicht aus, aber zu dem Zeitpunkt denkt Beitz sicher noch nicht daran. Der von ihm so geförderte Vorstandsvorsitzende Gerhard Cromme geht jedoch schon bald an dieses Thema heran. Er ist sich sicher, daß längst nicht alle Probleme der Fried. Krupp GmbH gelöst sind, sondern weiß, daß noch viele – vor allem im Stahlbereich – kommen werden. So sieht er sich nach einem Partner um, der eben nicht gleich Thyssen heißen muß. Er findet ihn im Westfälischen, wo die Stahlfirma Hoesch auf eine große Tradition zurückblicken kann und ähnlich verwurzelt ist wie Krupp in Essen. Es sind aber keine offenen Verhandlungen, die Cromme da führt. Er hat offensichtlich von der amerikanischen Wirtschaft gelernt, die in diesen Jahren die Kultur der „hostile takeovers" so pflegt, daß sich fast täglich Firmen in ganzseitigen Anzeigen in der *New York Times* oder im *Wall Street Journal* gegen solche geplanten „feindlichen Übernahmen" wehren. Cromme kauft – mit Hilfe von befreundeten Bankhäusern – heimlich Aktien von Hoesch auf und macht dann ein Übernahmeangebot.

Hoesch-Manager und Hoesch-Belegschaft sind empört, daß ihre gesunde Firma der wirtschaftlich schlechter dastehenden Firma Krupp geopfert werden soll. Doch Cromme erweist sich als der Stärkere, und im Januar 1993 wird die „Fried. Krupp AG Hoesch Krupp" gegründet, und ihre Aktien können an der Börse gehandelt werden. Es ist das erste Mal in der Geschichte der Firma Fried. Krupp, daß jedermann sich an ihr beteiligen kann, eine Vorstellung, die allen Krupps von Friedrich bis Alfried Schauer über den Rücken gejagt hätte. Trotz der Fusion gibt es ein Fiasko. Im Geschäftsjahr 1993 erwirtschaftet die neue Firma einen Gesamtverlust von 540 Millionen Mark. 10.000 Stellen werden eingespart, mehr als zehn Prozent der Belegschaft. Cromme argumentiert damit, daß alles noch viel schlimmer gekommen wäre, wenn man die Fusion nicht erreicht hätte. Tatsache ist, daß der Stahlmarkt international in seiner schlimmsten Krise ist. Mit dieser Begründung wird auch im Folgejahr konsequent Personal wegrationalisiert. Noch einmal fallen rund 10.000 Arbeitsplätze dem Sparkurs zum Opfer. Das gleiche wiederholt sich 1997, als die Gesamtbelegschaft auf rund 57.000 Mitarbeiter geschrumpft wird. Dazu kommen immense Strukurveränderungen. Der Konzern ist

1993

Der Staat zieht sich aus Hoheitsaufgaben zurück. Die Deutsche Bundesbahn und die Reichsbahn werden privatisiert und sollen sich in Zukunft ohne Staatszuschüsse auf dem Markt behaupten.

inzwischen in eine fast unübersehbare Fülle von Firmen aufgesplittert. Die Stahlproduktion, der Beginn der Geschichte Krupps und lange Zeit das Herz der Firma, geht mehr und mehr zurück und spielt heute nur noch eine kleine Rolle. Zugenommen hat dagegen der Bereich Kraftfahrzeuge. Zwar baut Krupp keine Lastwagen und Omnibusse mehr, doch im Zulieferungsbereich für die Automobilindustrie ist Krupp weltweit tätig. Ganz neue Aktivitäten – von der Umweltschutztechnik bis in die Dienstleistungsbereiche – kommen dazu. Die Gewinne steigen wieder.

Für Cromme reicht dieser radikale Sparkurs jedoch nicht aus. Die nächste Fusion steht an. Sie schlägt aber noch höhere Wellen als die Übernahme von Hoesch. Cromme kündigt eine „feindliche Übernahme" von Thyssen an. Der „Kleine" will plötzlich den „Großen" schlucken. Bei Thyssen sind mit 110.000 Menschen fast doppelt soviel beschäftigt wie bei Krupp-Hoesch. Der Vorstandschef von Thyssen, Dieter Vogel, kündigt energischen Widerstand aus Duis-

Mit schwerem Gerät den Weltmarkt versorgen: ein Krupp-Hydraulikhammer als modernes Werkzeug im Bauwesen

Dank und Undank einer Stadt erfahren: das Denkmal ...

... für Alfred Krupp in Essen

burg gegen den Nachbarn aus Essen an. Der nordrhein-
westfälische Ministerpräsident Johannes Rau empört
sich über Cromme. Der erbitterte Streit zwischen
Krupp und Thyssen macht Cromme zum meistgehaß-
ten Mann des Ruhrgebietes. Plötzlich ist das alte Image
des selbstbewußten Krupp wieder da, der keinen
Widerstand duldet.

Thyssen kündigt nun seinerseits an, den Frechling übernehmen zu wollen. Es wird mit allen Tricks gearbeitet,
die man bei feindlichen Übernahmen kennt. Eine
dubiose Rolle spielt dabei die Deutsche Bank, die beide
Firmen auf ihrer Seite wähnen. Das Kämpfen zehrt, die
Nerven liegen blank, und endlich einigt man sich auf
eine „freundliche" Fusion. Doch auch hier behält Cromme das Heft in der Hand. Er wird sich den Vorstands-
vorsitz mit Ekkehard Schulz von Thys-
sen teilen, nachdem sich Dieter Vogel
nicht durchsetzen konnte. Doch die Fusion, die zum 1. Oktober 1998 vollzogen
werden sollte, klappt nicht so, wie man
es sich vorgestellt hat. Denn eine Reihe
von Aktionären haben geklagt, und so
müssen erst die Gerichte entscheiden,
wie die Zukunft von Thyssen/Krupp im Detail aussieht.
An der Fusion selbst besteht kein Zweifel.

Der neue Konzern wird soviel Mitarbeiter haben, wie
Krupp zu seinen allergrößten Zeiten alleine. Aber der
Umsatz wird rund 70 Milliarden Mark im Jahr betra-
gen, eine Zahl, die kaum mehr rational erfaßbar ist. Die
offiziellen Firmenstandorte werden Duisburg und
Essen sein. Für Krupp gibt es nur einen kleinen Schönheitsfehler. Der eigene Name wird in der neuen Fir-

1998

*Der Schriftsteller Martin
Walser löst mit seiner
Rede zur Verleihung
des Friedenspreises des
Deutschen Buchhandels
eine heftige Debatte
um Nazi-Schuld und
deren Aufarbeitung aus.*

156

menbezeichnung „Thyssen Krupp AG" erst an zweiter Stelle stehen. Doch das kann man verschmerzen, wenn man als kleinerer sich insgesamt durchgesetzt hat.

Einen Verlierer gibt es auf jeden Fall. Die Alfried Krupp von Bohlen und Halbach Stiftung, die 1968 als alleiniger Eigentümer der Krupp GmbH angetreten war, rückt immer mehr in den Hintergrund. Die ersten 25,1 Prozent gab man 1976 an den Staat Iran ab, der erstaunlicherweise immer noch Aktionär ist, obwohl doch das Land einen radikalen Machtwechsel mitgemacht hatte und zwischenzeitlich die iranischen Vertreter im Aufsichtsrat auch immer wieder über mangelnde Gewinne klagten. Mit der Hoesch-Fusion reduzierte sich das Kapital der Stiftung auf 52 Prozent, und nun sinkt es nach der Fusion mit Thyssen auf 17 Prozent.

Dabei hat sich die Stiftung unter der Leitung von Berthold Beitz zu einer der großen wissenschaftlichen und künstlerischen Mäzenateneinrichtungen in Deutschland entwickelt. Es ist eine feine Ironie des Schicksals, daß Krupps Vermächtnis sich gerade in Kunst, Kultur und Wissenschaft erhalten hat. Das sind alles Bereiche, die keinen der großen Krupps in seinem Leben besonders interessiert haben. Wirtschaft, Technik und Macht waren ihre Domänen, drei Bereiche, wie man sie einst auch in den drei Krupp-Ringen symbolisiert hätte sehen können.

Bibliographie:

Roy C. Calogeras: Die Krupp-Dynastie und die
Wurzeln des deutschen Nationalcharakters. Klett Cotta Verlag, Stuttgart 1989

Jules Huret: Das Ruhrgebiet um 1900. Zu Besuch bei Krupp und
Thyssen. Henselowsky Boschmann Verlag, 1998

Hanns-Bruno Kammertöns: Der letzte Krupp. Verlag Hoffmann &
Campe, Hamburg 1998

Uwe Keßler: Zur Geschichte des Managements bei Krupp. Franz Steiner Verlag, Wiesbaden 1995

Roland Kirbach: Jenseits von Krupp und Kohle.

Das Ruhrgebiet im Wandel. Eine Momentaufnahme.
Bouvier, Bonn 1996

William Manchester: Krupp – Zwölf Generationen. Kindler Verlag
München, 1968

Frank Stenglein: Krupp – Höhen und Tiefen eines
Industrieunternehmens. Econ Verlag, Düsseldorf, 1998

Tilo von Wilmowsky: Warum wurde Krupp verurteilt?
Econ Verlag, Düsseldorf 1962

Bildquellen:

Alle Abbildungen: Bildarchiv Preußischer Kulturbesitz, Berlin

außer Seiten 11, 14, 49, 58, 65, 68, 77, 85, 116, 138, 141, 150, 153:
Krupp AG, Essen

Made in Germany –
Das Jahrhundert der Erfindungen

Wilfried Geldner
Adi Dassler
160 S., zahlr. s/w-Abb.
Ullstein TB 35876

Juliane Nitzke-Dürr
Lothar Freiherr von Faber
160 S., zahlr. s/w-Abb.
Ullstein TB 35872

Christl Bronnenmeyer
Max Grundig
160 S., zahlr. s/w-Abb.
Ullstein TB 35877

Karl-Otto Saur
Friedrich Krupp
160 S., zahlr. s/w-Abb.
Ullstein TB 35875

Bettina Jung
August Oetker
160 S., zahlr. s/w-Abb.
Ullstein TB 35874

Joachim Hauschild
Philip Rosenthal
160 S., zahlr. s/w-Abb.
Ullstein TB 35873

Helmut Pigge
Ferdinand Graf von Zeppelin
176 S., zahlr. s/w Abb.
Ullstein TB 35870

Fabian Müller
Ferdinand Porsche
160 S., zahlr. s/w-Abb.
Ullstein TB 35871

Das rechte Wort zur rechten Zeit

Die humorvolle und schlagfertige Antwort will der aufstrebende Small-Talker, Jung-Manager und Ich-Bastler nicht mehr in verstaubten Zitatensätzen suchen.
Mit diesem Handbuch gegen die Sprachlosigkeit kommt Leben in die ausweglozeste Situation.
Die »Erste-Hilfe-Bibel« für alle, die sich verbal nicht geschlagen geben wollen – und wer will das schon?

Wolf Montabaur
999 clevere Antworten auf 1000 dummdreiste Alltagsfragen
Mit Small-Talk-Stichwortregister
216 Seiten
Ullstein TB 35805

Ullstein Taschenbuch